北/京/发/展/改/革/丛/书

EXPLORATORY RESEARCH ON
THE SERVICE INDUSTRY DEVELOPMENT OF
CITIES AND MEGALOPOLIS

城市与城市群服务业发展研究探索

北京市经济社会发展研究院
北京市发展改革政策研究中心 ◎ 著

经济管理出版社
ECONOMY & MANAGEMENT PUBLISHING HOUSE

图书在版编目（CIP）数据

城市与城市群服务业发展研究探索/北京市经济社会发展研究院，北京市发展改革政策研究中心著. —北京：经济管理出版社，2022.6

ISBN 978-7-5096-8505-1

Ⅰ.①城… Ⅱ.①北… ②北… Ⅲ.①城市—服务业—经济发展—研究—中国 Ⅳ.①F726.9

中国版本图书馆 CIP 数据核字（2022）第 099593 号

组稿编辑：曹　靖
责任编辑：郭　飞
责任印制：黄章平
责任校对：蔡晓臻

出版发行：经济管理出版社
　　　　　（北京市海淀区北蜂窝 8 号中雅大厦 A 座 11 层　100038）
网　　址：www. E-mp. com. cn
电　　话：（010）51915602
印　　刷：北京晨旭印刷厂
经　　销：新华书店
开　　本：720mm×1000mm/16
印　　张：13
字　　数：226 千字
版　　次：2022 年 8 月第 1 版　　2022 年 8 月第 1 次印刷
书　　号：ISBN 978-7-5096-8505-1
定　　价：88.00 元

主　　编　徐逸智

执行主编　刘秀如

副　主　编　刘作丽

编　　委　（按姓氏笔画排序）
　　　　　王术华　李金亚　常　艳

序　言

　　城市群作为城市发展成熟阶段的最高空间组织形式，在全球经济社会发展中扮演着重要角色，发挥着巨大的资源配置等枢纽功能，已经成为大国竞争的主要空间载体。据联合国人居署发布的《2020 年世界城市报告——可持续城市化的价值》，全球城市人口占全球人口比例达 56.2%，预计 2030 年将达 60.4%，2050年 70% 的人口将生活在城市。城市化仍是全球增长的动力，城市群始终是全球重要的经济集中区域，掌控着国际金融、贸易、技术等重要战略资源。我国区域经济发展南北不均衡格局叠加产业转型升级，使城市与城市群之间的竞争更加激烈，加快建设京津冀世界级城市群的任务更加紧迫而艰巨。"十四五"时期，我国仍处于城镇化发展机遇期，以人为核心的新型城镇化、高质量城镇化成为推动我国经济社会高质量发展的重要内需源泉。全国第七次人口普查数据显示，京津冀地区城镇化率达 69%，高于全国 5.1 个百分点，但与 2010 年第六次人口普查相比提高幅度低于全国平均水平。与此同时，京津冀地区生产总值占全国比重也由 2014 年的 10.3% 下降至 2020 年的 8.5%。进一步提升京津冀城市群在全国乃至全球城市群中的地位和作用，是国家重大战略和时代课题，紧迫而艰巨。

　　服务业是促进我国经济长期持续健康发展的重要引擎，高端服务业成为我国与发达国家竞争的"主战场"。经过 40 多年改革开放的发展，我国已成功成为世界上的制造业大国，在开启社会主义现代化建设新征程中，在向社会主义现代化强国迈进的过程中，亟须高质量服务业发展的支撑。2020 年我国服务业增加值占 GDP 的比重为 54.5%，比发达国家低 20 个百分点左右，存在现代服务业发展不足、现代服务业与先进制造业融合发展不够等问题。目前中美之间经济差距主要在于服务业。2019 年我国 GDP 总量为 14.3 万亿美元，相当于美国的 66.8%，其中第一产业和第二产业增加值分别为美国的 6 倍和 1.4 倍，而第三产业仅相当于美国的43%。2020年我国GDP总量为14.7万亿美元，相当于美国的70.3%，中美差距进一步缩小；我国三大产业增加值占GDP比重分别为7.7%、37.8%和54.5%，美国分别为0.8%、17.7%和81.5%。未来30年，金融、科技、信息、商务等知识密集型、高端生产性服务业将成为我国与发达国家竞争的"主战场"。

城市与城市群是知识密集型、高端生产性服务业集聚的重要载体，必将成为竞争的重点。目前国际资本加速向服务业转移，服务业跨国投资占全球比重接近2/3，服务贸易规模日益扩大。在世界城市形成发展中，纽约和伦敦的金融服务业、新加坡和香港的航运业都是促使其成为全球城市的重要动力。北京亟须对标世界城市，抓住发展机遇，以首都发展为统领、以"两区"建设为依托、以服务业扩大开放为重点，带动京津冀城市群进一步扩大服务业对外开放，持续培育新的发展动能，塑造国际竞争和合作新优势，加快京津冀城市群服务业高质量协同发展。

本书以城市与城市群服务业发展比较为主线，以产业发展和空间发展理论为基础，从我国城市群基本概况出发，进行京津冀、长三角和粤港澳大湾区三大主要城市群服务业发展多维比较，通过全国服务业500强、服务业税收、部分高端生产性服务业等重点专题视角的比较分析，从中发现京津冀城市群服务业发展的优势、不足与差异，让我们探寻进一步推动京津冀高质量协同发展的增长极、突破口以及补短板的发力点。同时，结合城市与城市群服务业发展趋势，提出促进京津冀城市群服务业协调高质量发展的政策建议。

本书分为综合篇和专题篇两个部分，共十二章。综合篇共七章，包括以下内容：第一章理论基础和文献综述；第二章我国主要城市群发展基本情况比较；第三章我国城市与城市群服务业发展比较；第四章500强企业视角下的城市群服务业发展比较；第五章税收视角下的城市群服务业发展比较；第六章城市与城市群服务业发展趋势探讨；第七章促进京津冀城市群服务业高质量发展的建议。专题篇共五章，包括以下内容：第八章促进信息服务业高质量发展的路径研究；第九章促进金融科技高质量发展的路径研究；第十章提升法律服务竞争力的路径研究；第十一章推动信用评级健康发展的路径研究；第十二章深化区域要素市场化配置改革的路径研究。

通过研究发现：

第一，我国城市与城市群服务业发展高度集聚，特别是服务业企业500强高度集聚，京津冀、长三角、粤港澳大湾区服务业高度发达，其核心城市北京、上海、广州、香港、澳门服务业发展水平更是首屈一指，代表和决定了该城市群在全球经济网络中的分工地位和竞争力。

第二，京津冀、长三角、粤港澳大湾区三大城市群服务业结构均以批发和零售业、金融业和房地产业为主；三大城市群生产性服务业税收居于服务业税收主导地位，服务业税源结构差异较大。生产性服务业成为我国参与全球价值链空间布局的新动力与新引擎，以信息服务业、金融科技、法律、信用评级等为代表的高端生产性服务业的全球竞争力，在很大程度上决定了一个国家和城市在全球网络中的位置。生活性服务业的高质量发展，支撑满足着人们对美好生活的向往。服务消费前景广阔，随着人类社会进步，人类对服务需求无限细化，服务业正由衍生性产业向先导性产业转变。

第三，我国城市与城市群服务业发展基本符合发达国家服务业发展总体趋势，主要呈现出以下七大发展趋势：一是城市与城市群服务业呈加快增长趋势，主要呈非均衡增长和结构性增长态势，同时在一定程度上存在着增长极限。二是经济服务化、服务高端化趋势日益明显，服务业结构动态升级带来新的增长动力和结构效益，同时在一定程度上存在结构固化。三是服务业企业规模化、多样化趋势明显，企业不断分化和并购，在有些维度上企业规模结构呈现大型、小型企业少，中型企业多的"两头小，中间大"的橄榄形特征。四是服务业相互开放、服务贸易化成为发展趋势，制度规则和服务标准逐步统一，同时也存在服务贸易壁垒。五是现代服务业与先进制造业融合发展趋势，服务业由制造业追随型向服务业自主扩张型转变，同时产业融合具有阶段性，以出现新的产业形态为标志开始新融合。六是服务业数字化趋势加速，并呈现梯度化和差异化，同时数字化又造成新的区域分化，数字鸿沟加大。七是服务业空间向大中城市集聚的同时，不同服务行业因其特性也分别呈现不同的集聚特征，服务业集聚的选择偏好增强。

第四，促进京津冀城市群服务业高质量协同发展是加快京津冀协同发展的突破口之一。为此，应深化京津冀区域要素市场化配置改革，培育节点完善廊道，促进区域资源要素畅通和经济良性循环。以产业融合促协同发展，推进区域制造业服务化和服务型制造业发展，发挥北京创新资源优势和辐射带动作用，促进数字赋能产业发展。深化服务业"放管服"改革，放宽市场准入，进一步优化营商环境；打造高端商务服务业集聚区，组建产业联盟；进一步强化京津冀三地自贸区联动，培育一批全球知名服务业品牌和领先全球的生产性服务业企业，积极参与国际贸易规则制定，提升参与全球治理能力；聚焦科技创新、数字经济等强化服务业对接协作，推动京津冀城市群服务业高质量发展。

城市与城市群服务业比较研究，契合了我国推动区域高质量协调发展、充分发挥都市圈与城市群增长极作用的战略部署，同时也契合了我国加快经济结构转型升级、构建国内国际双循环相互促进新发展格局的时代背景，是一个全新的相互结合的研究视角。本书立项之初，就树立了创造性开展研究的理念，本着借鉴与创新相结合的原则，力图在前人研究基础上有所突破。从研究立场来看，坚持决策研究目标导向和实证研究问题导向相结合，始终把握为京津冀协同发展国家战略服务的研究方向；始终把握北京"四个中心"城市功能定位，坚持综合性、系统性、整体性研究。从研究视野来看，树立国际视野和战略视野，注重从长期发展角度把握经济规律和趋势，为京津冀高质量协同发展贡献智慧。

本书凝结了研究院多位领导同志的智力成果和心血，徐逸智院长对书稿给予了多方面指导，刘秀如副院长把关审阅修改了书稿全部内容，刘秀如、刘作丽、李金亚、常艳、王术华、吴伯男、孟香君、贾君欢参与执笔写作，感谢每位同志的付出与努力。本书同时得到了北京市发展和改革委员会领导的悉心指导以及相关处室的大力支持，在此表示感谢。有关专家对本书的部分章节提出了很好的建议，在此一并感谢。

由于研究内容十分庞杂，受数据可获得性等影响，本书难以面面俱到，指标口径也尚不完全一致①。尽管我们努力进行一些思考和研究，但由于时间紧迫，资料有限，难免有一些疏漏之处，敬请广大读者批评指正。课题组将持续深化该领域研究，以期能为促进京津冀更高质量协同发展贡献智库应有的力量。

编委会

2022 年 1 月 12 日

---

① 京津冀城市群的数据一般以北京市、天津市、河北省数据替代；长三角城市群的数据一般以上海市、江苏省、浙江省、安徽省三省一市数据替代；粤港澳大湾区的数据则有粤港澳三地数据、广东省数据、珠三角 9 个城市数据三个口径，具体文中会做说明。

目　录

综合篇

专题篇

综合篇

第一章　理论基础和文献综述

第一节　产业发展及空间集聚理论概述

一、产业发展理论

（一）配第—克拉克定理：揭示了经济增长与三次产业结构演变的基本规律

1940 年，英国经济学家 C·克拉克在 17 世纪英国古典经济学家 W·配第的基础上，通过对 20 多个国家各部门劳动力投入和总产出数据的搜集整理、统计分析，揭示了产业结构变化的基本趋势，即一个国家内从事三次产业的劳动力比重，会随着国民经济的发展和人均国民收入的提高而变动，农业劳动力急剧下降，从事制造业的劳动力比重与经济增长同步，但通常在接近 40%时稳定，而服务业劳动力比例不断增长。这一观点被称为"配第—克拉克定理"。美国经济学家、统计学家库兹涅茨进一步深化分析，验证了现代经济的增长实际就是经济结构的变化，在资源的流向上，现代经济增长不仅表现为各种资源向工业部门流动，而且表现为服务业吸纳劳动力最多，即服务业具有很强的吸纳劳动力就业特征，但国民收入相对比重未必与劳动力的相对比重上升同步，总体表现为大体不变或略有上升。

（二）融合论：当前制造业与服务业关系的主流理论

关于制造业与服务业关系的理论，随着全球经济与技术演进，国内外先后形成四种代表性观点。一是需求遵从论。认为服务业发展的前提和基础是制造业，服务业处于一种需求遵从地位。这类观点主要源于 20 世纪 80 年代末，制造业对全球经济的主导作用更强。二是供给主导论。认为制造业发展的前提和基础是服务业，服务业能提高制造业效率。这类观点源于 20 世纪 90 年代后，服务业占比迅速提高，二三产业结构关系加速变化。三是互动论。认为随着产业结构由"工业型经济"向"服务型经济"的转变，制造业与服务业间相互作用、相互依赖、相互支持的双向互动关系越发明显。这种观点基本能够反映当前二三产业之间的实际状况。四是融合论。认为随着技术进步，尤其是新一代信息技术的推广应用，服务业与制造业两者间的界限越来越模糊，通过新兴技术赋能、需求端供给端对接、产业链价值链资源配置的协同与分工深化，实现相互渗透、耦合共生，从而提升发展质量和效益。"融合论"是"互动论"的加深研究，这是当前更为普遍认同的一种作用关系，也是产业结构演变的方向。

由此，产业链跨界延伸成为服务业发展重要趋势，服务业数字化服务制造业，有利于加强产业互动协同，降低信息不对称，为制造业提供即时性、定制化服务，提升全产业链价值；制造主体通过数字化、网络化、智能化变革，亦能向服务业跨界延伸，将物流、创意内容、整体解决方案等服务业务内部化，产业融合向纵深推进。

（三）"鲍莫尔成本病"与数字化转型：服务业低效率和不可贸易的特征发生明显变化

自 20 世纪中叶美国率先步入服务经济社会以来，关于产业服务化与生产率关系的争论就一直未曾停歇。鲍莫尔通过实证研究发现，相对于制造业，服务业劳动生产率更难以提高，前者生产率相对快速的增长将导致后者出现相对成本的不断上升，这种现象被称为"鲍莫尔成本病"。并且，由于服务过程需要生产者和消费者面对面、同时同地，因而，传统经济理论认为服务业不可贸易，难以获得全球分工带来的规模增长和效益提升。随着服务部门占经济比重的上升，制造业和服务业增长的不平衡将最终导致资源向"发展迟滞"的服务业重新分配，从而减缓整体生产率提升和经济增长。

然而，进入信息化、数字化时代，服务业的在线化、数字化实现了边际成本的降低、规模经济的增长，平台型服务经济出现后，范围经济凸显，服务业的低效率和不可贸易特征发生明显变化。在新一代信息技术支撑下，服务业通过数字化转型加快推动质量变革、效率变革、动力变革，或与制造业数字化耦合共生，甚至向制造业延伸等途径，提升竞争力、扩大市场空间。因此，在网络和数据时代，服务业大概率将成为高效率产业和可贸易产业，以服务经济为主的产业结构不必然导致经济增长速度下降，产业结构服务化不仅与经济增长不矛盾，而且是产业结构优化的必然趋势。

二、空间集聚理论

（一）区位论：影响整体服务业区位选择及布局的基本理论

区位理论是经济地理学以及区域经济学的核心基础理论之一，主要解释人类经济活动的空间分布。区位理论的发展主要经历了 20 世纪 50 年代以杜能农业区位论、韦伯工业区位论等为代表的新古典区位理论，20 世纪 60 年代以普雷德等为代表的行为经济学为主的区位理论，20 世纪 70 年代以梅西等为代表的结构主义为主的区位理论，20 世纪 80 年代以斯科特等为代表的生产方式为主的区位理论和 20 世纪 90 年代以克鲁格曼等为代表的非完全竞争市场结构为主的区位理论五个发展阶段。

服务业是生产服务产品的部门，它受自然条件的影响较农业与工业要小，影响服务业布局的区位因素错综复杂，既有自然、土地、劳动力、交通等传统区位因素，也有信息、科技、创新、知识、人才等新区位因素。随着信息技术革命和后工业社会的到来，传统区位因素的作用逐步减弱，而新区位因素对服务业区位选择的影响显著扩大，并成为区位主导因素。同时，信息技术的广泛应用，深刻改变了传统区位因素的作用模式，并对整体服务业的区位选择及布局产生了深远影响。

此外，不同发展阶段的区位理论对应各自不同的核心观点和方法体系，相应地为服务业区位选择的讨论提供了各自独特研究视野，并识别出不同的区位因子。新古典区位理论重视成本、市场等传统区位因子，行为结构主义区位理论重视文化、制度等区位因子，非完全竞争区位理论重视集聚经济等区位因子。

（二）新国际劳动分工理论：企业功能的空间分离

20 世纪 60 年代末，随着经济活动呈现分散化、不同经济功能空间呈现分离趋势，新国际劳动力分工理论被 Frobel 提出。新国际劳动分工体现了世界经济格局的变化，表现为跨国公司影响下国际制造业的扩散及由此产生的服务业的国际扩散。新国际劳动分工以价值链分工为主要特征，特别强调跨国公司在扩大或重新配置生产中的作用，突出劳动力的商品属性、现代劳动过程和全球性转变在劳动分工中的重要作用。

有关新国际劳动分工的早期研究大多与大型跨国公司的区位行为相关，主要的着眼点是通过劳动过程来理解企业的区位选择，随着研究的不断深入形成了几条取向各异又相互交织的研究路径。以 Massey 为代表的结构主义学派将马克思结构分析方法和空间的社会内涵引入对劳动力空间分工的分析，认为空间变化是经济再结构和社会重组两者合力的结果。该学派同时关注劳动要素和劳动过程，认为随着国际劳动分工的演化，劳动力成本较高的地区会淘汰劳动量需求多、劳动技能需求低的劳动过程。以 Scott 为代表的新制度经济学派把劳动空间分工同现代城市的形成与发展联系起来，将交易成本理论引入劳动空间分工分析，认为经济生产系统和大都市区的发展之间存在着内在的密切逻辑关系。世界经济学派则从全球尺度考虑劳动力分工，提出了全球性转变模式，认为社会经济秩序的重构从根本上讲是跨国公司、国家以及技术三股重要力量彼此相互作用的结果，认为生产技术的提高大大降低了企业内不同功能之间的协调和监督成本，为企业内不同功能根据各自需求选择空间区位成为可能。

（三）公司地理理论：打开公司内部组织结构"黑箱"的区位理论

公司地理研究的主旨是企图"使经济地理学中仅仅对物的分析转移到对人及社会组织机构的关注上来"，它由美国地理学家 Mcnee 于 1960 年首先提出。其中心思想是承认公司在一定程度上能够控制或改变其环境状况，它同时关注公司内部因素对其决策的影响以及公司内部结构的不均等性。

公司地理理论认为，公司内部是由各分支部门组成，他们之间存在控制与被控制的不平等关系。且不同分支部门与公司目标环境和大环境的相互作用程度也不相同，一方面，不同的功能有不同的区位需求；另一方面，不同功能也会不同程度地反作用于它所选择的区位，正如公司地理理论中心思想所承认的——公司在一定程度上能够控制或改变其环境状况。公司地理理论重视公司活动对环境的影响与传统工业区位理论强调环境因子对区位的影响形成明显对比。

（四）世界城市、全球城市理论：全球控制能力集中与生产能力分散

弗里德曼从新国际劳动分工研究中得到启示并提出了著名的"世界城市假说"，他认为，世界城市形成的基本动力来自新的国际劳动分工，在与世界经济的融合过程中，所有城市均会重组其经济结构和空间布局。她认为，全球城市就是那些能为跨国公司全球经济运作和管理提供良好服务和通信设施的地点，是跨国公司总部的聚集地。Castells（1989）赋予世界城市动态和联系的内涵，认为城市如何获得信息空间的进入权和对信息空间主要节点的控制权，就是在国际资本积累博弈中取得最终胜利并成为世界城市的关键所在。

世界城市理论认为世界城市形成的基本动力来自新的国际劳动分工，跨国公

司功能空间分离（生产功能分散、控制功能集中）导致的"全球控制能力"的集中是世界城市形成的关键；企业总部、国际金融、全球交通和通信、高级商务服务等经济变量是解释不同等级世界城市对全球控制能力的决定因素。一个城市与世界经济的融合形式和程度以及它在新国际劳动分工中"控制力"的强弱将决定该城市的结构和转型。

新国际劳动分工理论和公司地理理论研究的立足点是跨国公司内部的不同组成部分/劳动过程/功能环节，理论的重点是讨论并识别上述不同组成部分/劳动过程/功能环节的空间需求。而世界城市/全球城市理论研究的立足点是不同空间，也即城市；理论的重点是讨论不同空间中各组成部分/劳动过程/功能环节的组合。上述两种理论视角是一个硬币的两面。

（五）全球生产网络理论：各种组织内和组织间网络构成的复杂系统

自20世纪80年代以来，在全球化和信息化双重影响下，国际劳动分工的层次和水平日益深化。全球生产网络理论在总结价值链、商品链内涵基础上，辅以网络、空间的概念，在更广阔的研究体系内揭示了当今世界生产组织的新变化，成为目前全球化与区域发展研究的主要分析框架。全球生产网络理论涵盖了从价值生产、分配到权力制约、企业网络及地域和网络镶嵌等诸多内容的探讨，在一个整合的体系下把握了全球生产组织的最新变化和机制，解释了新的变化动力与进程。

全球生产网络与新国际劳动分工理论一样，都是以劳动过程分工作为元理论的研究体系。不同的是，新国际劳动分工理论着重讨论跨国公司企业内组织网络，而全球生产网络在关注这种企业内组织之余还要十分重视各种组织之间的网络关系，如企业内部关系、企业间关系、企业—地点关系、地点—地点关系等。

第二节　文献综述

一、服务业集聚与城市群发展相关研究

城市群的空间演变与服务业集聚发展紧密关联，城市群的结构优化和功能升级离不开现代服务业的发展，离不开人流、信息流、资金流、物流、技术流的自由流动。服务业已成为联系城市群内部各城市的"纽带"和"血脉"，没有服务

业的发展就没有城市群的崛起。

国外学者很早就开始对服务业集聚现象进行了研究分析。Marshall（1920）指出，产业集聚的形成主要源自劳动力、中间投入品以及专业技术和知识三种要素的共同作用。Ohlin（1933）将集聚经济效应划分为地方化或专业化经济和城市化或多样化经济，前者强调单一产业的集聚可以促进产业内企业间的信息、知识的扩散和技术的创新，进而推动产业生产效率的提高；后者强调具有较高差异的、多产业的集聚可以促进产业间的知识和技术的溢出，从而获得较高的生产率。Senn（1993）认为，生产性服务业企业为了追求更低的交通运输成本和生产成本，导致其在地理位置上呈现了集聚分布。Ciccone（2002）的研究表明，服务业集聚对集聚区域及邻近区域经济增长具有显著的促进作用。Fan 和 Scott（2003）研究了东亚和中国的产业集群与区域经济增长之间的关系，发现两者之间具有很强的双向促进关系，能够加速地区经济发展。

国内的研究也从多角度证明了产业集聚的经济增长效应。从宏观层面来看，于斌斌（2015）、吉亚辉（2017）等均指出产业集聚的集聚正外部性有助于推动经济增长。从产业细分上来看，相关学者分别从金融业集聚（邹海荣等，2018）、旅游产业集聚（谢露露和王雨佳，2018）、科技服务业集聚（谢臻等，2018）和生产性服务业集聚（刘书瀚，2018）等不同的行业细分上实证检验了服务业集聚对经济增长具有促进作用。甘蕊等（2021）构建了能够测量生产性服务业集聚水平与竞争力的指标体系，并对长江经济带各省份的生产性服务业各具体行业进行了测量，其认为管理咨询业是集聚水平最高的行业，信息业、物流业、金融业属于集聚水平中等的行业，房地产业属于集聚水平较低的行业。任阳军等（2021）基于 2010~2019 年的城市面板数据，运用动态空间计量模型探索了生产性服务业集聚对经济高质量发展的直接效应和空间溢出效应，其认为我国经济高质量发展水平整体呈东部、中部、西部递减的非均衡趋势，且无论是长期还是短期，生产性服务业不同集聚模式均对经济高质量发展有显著促进作用。李勇辉等（2021）使用 2003~2016 年长江经济带 108 个城市的面板数据构建了生产性服务业的空间集聚测度模型，其认为生产性服务业专业化集聚对城市技术创新具有显著正向作用，但多样化集聚反而不利于城市技术创新发展，并对其邻近城市创新存在负向空间溢出效应。

不同城市群之间、城市群内部不同城市之间服务业发展水平存在差异。夏传文和刘亦文（2010）发现长三角、珠三角和长株潭等城市群内部不同城市间的服务业发展水平存在较大差异，中心城市服务业的竞争力远高于其他城市。李红锦和李胜会（2011）运用引力模型测算了珠三角城市群的经济空间联系强度和竞争力，发现珠三角城市群的经济空间联系强度呈逐年上升趋势，并且广州的中心城市地位一直很稳固，深圳的中心城市地位还不够明显。柳坤等（2012）以京津冀、长三角、珠三角三大城市群为对象，研究了城市群服务业规模结构的演化特征，发现长三角城市群服务业的规模结构较为合理，而其他两个城市群的规模结构体系并不均衡，北京和上海的区域服务业中心城市地位比较明显，而广州的中心地位出现了弱化。谷永芬和洪娟（2013）利用长三角城市群的面板数据，研究了城市群服务业的集聚与经济增长之间的关系。发现长三角城市群服务业的聚集程度较高，但呈下降趋势，且由服务业集聚带来的规模经济和专业化优势对经济增长的效应开始出现逆转，服务业集聚程度对经济增长存在负面影响。

二、服务业与制造业融合发展相关研究

服务业的发展对产业结构调整有着重要的影响，与其他产业发展关联较强。当制造业发展到一定阶段，其对生产性服务业的专业化需求必将显著增加，制造业是生产性服务业发展的前提和基础。服务业与制造业相互依赖、相互补充，随着制造业的扩大对服务业的需求必然迅速增加，而服务业的增长也促进了制造业的效率提高。但在不同的历史时期，受技术水平、经济发展水平、贸易水平的限制和影响，不同国家、不同地区制造业与服务业的融合程度、融合方式有明显区别。

20世纪80年代，国外学者就开始对生产性服务业与制造业的互动效应进行实证分析。Park（1989）借助投入产出表，并运用依赖度指标，测度了1975~1985年中国、韩国、日本、马来西亚等8个太平洋地区国家生产性服务业与制造业的互动关系。Kakaomerlioglu（1999）对美国相关情况进行了分析，认为1987~1994年制造业使生产性服务业需求扩大了一倍。Guerrieri和Meliciani（2005）通过分析OECD的部分国家，发现制造业是生产性服务业需求的主导力量，并深刻影响着其发展程度与国际竞争力的高低。

在国内，近年来也日渐兴起对生产性服务业与制造业的互动效应进行实证研究。大多数学者较为乐观地认为两者存在紧密的互动关系，制造业拉动了生产性服务业的需求，生产性服务业促进了制造业竞争力的提升。但反面的观点则认为，我国目前生产性服务业与制造业的关联程度仍然不高、相互贡献度还有待加强。从正面观点来看，宋乐伟（2007）通过分析世界产业转移规律和产业国际分工，对我国生产性服务业与制造业的互动关系进行了实证研究，发现生产性服务

增加值比重每提高 1 个百分点，制造业增加值将平均提高 3.16 个百分点。江静等（2007）对中国相关面板数据进行分析后认为，生产性服务业有效地促进了制造业效率的提高，尤其是对诸如交通运输、仓储和邮电通信业等劳动密集型行业的效率提高影响最为明显；金融保险业的发展对资本密集型行业的效率提高影响很大；科学研究对技术密集型行业影响最大。吴爱东和刘慧丹（2021）通过耦合协调模型分类测度了高技术服务业和制造业的融合度，认为我国产业融合度总体呈上升趋势，中东部产业融合水平高于东北部和西部，高技术服务业和高技术制造业融合度高于高技术服务业与制造业产业融合度。

与此相反的观点认为，由于市场机制不完善等原因，我国生产性服务业与制造业互动效应较低，如顾乃华等（2006）借助面板模型认为，生产性服务业增加值每增长 1%，可促进制造业的效率提高 0.022%，虽有促进作用，但效果很微弱。黄莉芳（2011）对物流、金融等生产性服务业和制造业的互动关系进行了实证分析，认为目前我国制造业对生产性服务业的需求拉动效果并不好，服务业增加值对制造业增加值的贡献度还不明显。许士道和江静（2021）基于全国 30 个省份的面板数据对产业协同集聚进行了分析，其结果认为我国东部、西部地区的产业协同集聚促进了产业融合，但中部地区的产业协同集聚显著抑制了产业融合。刘佳等（2021）基于 2007 年、2012 年和 2017 年北京、上海、江苏、浙江、广东五个省份的投入产出表以及 DEA 模型，从产业关联互动、产业协调、产业融合以及产业开放共生四个维度对研发服务业驱动先进制造业的创新共生效应进行了实证检验，其认为五个省份的研发服务业促进先进制造业创新共生仍处于复合转型期，五个省份产业互动水平不足，上海在产业融合方面较为领先，融合均衡程度较高。夏伦（2021）利用耦合评价模型分别测算了 2003~2018 年我国 31 个省份的两业融合水平，其认为整体上两业融合程度呈上升趋势，东部地区处于领先，但两业融合发展不均衡现象依然存在，并呈扩大趋势，两业融合对制造业转型升级存在显著的空间效应，直接效应影响大于空间效应。

三、服务贸易相关研究

当前，全球经济竞争的重点正从货物贸易转向服务贸易，服务业与服务贸易的发展水平已成为衡量一个国家现代化水平的重要标志。在国际竞争越来越激烈、技术和品牌竞争越来越强的情况下，不仅要加快货物贸易的稳定增长，而且要更加重视服务贸易的加快发展。推动服务业开放和服务贸易发展，是各国融入经济全球化、参与全球价值链的重要途径。面对全球服务贸易发展的新趋势和推动经济高质量发展的新要求，进一步加快服务贸易发展，对我国培育国际竞争新优势、从贸易大国迈向贸易强国、持续提升在全球价值链中的地位，都有十分重要的意义（张琦等，2020）。

通过对我国服务贸易研究的相关文献进行梳理可以看出，我国服务贸易整体水平仍有待提高。韩玉军和陈华超（2006）从波特的"钻石模型"角度分析指出我国服务业发展面临企业高端科技人才不足、服务业相关配套措施不完善等问题。秦国骏（2019）通过对当前我国服务贸易发展特点进行分析，指出我国服务贸易长年存在逆差问题，但逆差主要集中于旅行、运输两大传统领域，高技术、高附加值的新兴服务贸易优势正逐步积累，说明我国服务贸易逆差主要与服务业发展相对滞后、服务出口能力不足、服务贸易促进体系不够完善等有关。陈福炯等（2021）的研究发现，我国传统型服务和其他服务部门比较优势适中且变化不明显，信息化服务部门比较优势较强且大幅提高，金融保险服务部门比较优势较弱且稳中略升。付鑫等（2021）以 2007～2019 年我国服务业上市公司为样本实证检验了我国服务开放对服务企业效率的影响，认为我国服务开放显著提高了服务企业效率，提升约 14.8%，而且我国服务开放对于外资及非国有服务企业、新兴服务企业、东中部地区服务企业效率的促进作用更为明显。岳云嵩和陈红娜（2021）运用 2011～2018 年 WTO 服务贸易数据和 UNCTAD 服务贸易数据，对全球和主要国家数字服务出口特征和发展趋势进行分析，其认为全球 FATS 数字服务出口远高于 BOP 数字服务出口，前者约占总数字服务出口的 2/3，且全球 FATS 数字服务出口占比呈下降趋势。各国 FATS 数字服务出口发展非常不均衡，高度集中于美国等少数国家。周玲和李宝瑜（2021）通过分析指出，我国服务业增加值占国内生产总值的比重及服务业投资占总投资额的比重均呈上升趋势，进出口增长率也不断上升，但货物出口增长率低于货物进口增长率，服务出口增长率高于服务进口增长率，其认为我国现阶段的产业结构、投资结构、对外贸易结构和外汇储备规模还无法满足服务贸易增长的需要。

四、服务业发展影响因素相关研究

从需求的角度来看，人均收入、城市规模、人口密度和城市化水平等需求因素影响服务业增加值比重、就业比重等。制造业的快速增长为服务业发展创造了条件，市场发育程度不断提高是服务业增长的源泉，社会需求是服务业发展的重要原因，城市化则是服务业发展的"助推器"。城市化发展通过人民生活消费行为改变引发人居空间、产品质量的更高需求，对服务业的发展起到很好的拉动作用。

从供给的角度来看，服务生产率的提高与通信技术的改善、组织结构由高度集权向分级管理转变等有关。荆林波（2004）列举了大量的事实来证明信息技术已经渗透到服务业中的各个行业，对服务业生产率的提高有着重要的影响。

近年来，国内学者还从具体行业、具体区域视角对影响服务业发展的因素进行了分析梳理。孙永河等（2019）通过研究认为，我国目前针对养老服务业影响因素的分析、识别与遴选方面的研究仍停留在定性分析层面，其在融合区间二型模糊集理论和决策试行与评价实验室理论的基础上提出了一种影响我国养老服务业发展关键因素的辨识方法，通过从政治、经济、认知、环境和保障五个层面对影响我国养老服务业发展的因素进行识别与分析，得出影响养老服务业发展的关键因素为经营理念、社会文化、市场需求和专业人才。鄢继尧等（2021）采用变异系数、灰色关联分析等方法对江苏省家政服务业发展的影响因素进行了分析。其研究认为，家政服务业发展不同区域之间存在显著差异，经济社会、人口系统各项指标与家政服务业发展存在较强关联，经济社会系统的影响高于人口系统，且关联度存在显著的地域性。孟辉等（2021）运用 Bootstrap-DEA 模型，核算了 2004~2018 年我国 14 个服务行业的绿色技术效率，并对其影响因素进行了分析，其研究认为服务业绿色技术效率总体呈上升趋势，但低水平重复投资导致增速较慢，经济发展水平与服务业绿色技术效率呈"U"形关系，产业融合度、能源结构和劳动者素质促进了服务业绿色技术效率的提高，对外开放和政府投入对改善服务业绿色技术效率的作用有待改善。刘中艳和史鹏飞（2019）选用 2005~2016 年甘肃省现代服务业的相关数据，运用主成分分析法对甘肃省现代服务业发展的影响因素进行实证研究，其认为市场开放程度、固定资产投资额对现代服务业发展影响较为显著，消费需求水平、城市化水平、经济发展水平、工业化水平对现代服务业发展也有较大程度的影响，而受教育水平、现代服务业从业人数对现代服务业发展影响不明显。邵将和伍婵提（2020）采用 2010~2018 年我国省域层面的经验数据，围绕我国高端服务业发展的影响因素进行了研究分析，其认为技术创新、金融发展水平、政府政策扶持和信息技术发展对我国高端服务业发展均具有显著的正向促进效应，此外高端服务业的发展还与地区经济发展水平和对外开放度密切相关。

执笔人：常　艳　刘作丽　王术华

参考文献

［1］ Ciccone A. Agglomeration Effects in Europe ［J］. European Economic Review, 2002 (02): 213-227.

［2］ Cohen R. The New International Division of Labour, Multinational Corporations and Urban Hierarchy ［M］. London: Methuen, 1981.

［3］ Dicken P. Global Shift-reshaping the Global Economic Map in 21st Century ［M］. New York: The Guilford Press, 2003.

［4］ Castells M. The Informational City: Information Technology, Economic Restructuring and the Urban-regional Process ［M］. Cambridge: Basil Blackwell, 1989.

［5］ Castells M. The Rise of Network Society ［M］. Oxford: Blackwell, 1996.

［6］ Dicken P., Lloyd P. Location in Space: Theoretical Perspectives in Economic Geography ［M］. New York: Harper & Row, 1990.

［7］ Ernst D. Global Production Networks and the Changing Geography of Innovation Systems: Implications for Developing Countries ［R］. East-West Center, 2000.

［8］ Fan C. C., Scott A. J. Industrial Agglomeration and Development: A Survey of Spatial Economic Issues in East Asia and a Statistical Analysis of Chinese Regions ［J］. Economic Geography, 2003 (03): 295-319.

［9］ Guerrieri P., Meliciani V. Technology and International Competitiveness: The Interdependence between Manufacturing and Producer Services ［J］. Structural Change and Economic Dynamics, 2005 (04): 489-502.

［10］ Henderson J., Dicken P., Hess M., Coe N., Yeung H. Global Production Networks and the Analysis of Economic Development ［J］. Review of International Political Economy, 2002, 9 (03): 436-464.

［11］ Kakaomerlioglu D. C. Manufacturing In Decline? A Matter of Definition ［J］. Economics of Innovation and New Technology, 1999 (03): 175-196.

［12］ Marshall A. Principles of Economics: An Introductory Volume ［M］. London: Macmillan Publishers Limited, 1920.

［13］ Ohlin B. Interregional and International Trade ［M］. Cambridge Mass: Harvard University Press, 1933.

［14］Park S. H. Linkages between Industry and Services and Their Implications for Urban Employment Generation in Developing Countries ［J］. Journal of Development Economics, 1989（04）: 359-379.

［15］Senn L. Service Activities, Urban Hierarchy and Cumulative Growth ［J］. The Service Industries Journal, 1993（11）: 13-29.

［16］Yeung H. W. Transnational Corporations, Global Production Networks, and Urban and Regional Development: A Geographer's Perspective on Multinational Enterprises and the Global Economy ［J］. Growth and Change, 2009, 40（02）: 197-226.

［17］陈福炯, 刘野, 侯静怡. 中国服务贸易显性比较优势变化的结构效应与竞争效应分析［J］. 无锡商业职业技术学院学报, 2021（05）: 48-52.

［18］付鑫, 张威, 李俊, 邵宇佳. 中国服务开放对服务企业效率的影响效应研究——基于服务贸易创新发展试点的双重差分检验［J］. 华东经济管理, 2021（11）: 12-24.

［19］黄莉芳. 中国生产性服务业嵌入制造业关系研究——基于投入产出表的实证分析［J］. 中国经济问题, 2011（01）: 28-37.

［20］韩玉军, 陈华超. 世界服务业和服务贸易发展趋势——兼评中国服务业的开放与对策［J］. 国际贸易, 2006（10）: 39-45.

［21］甘蕊, 李龙. 区域生产性服务业集聚水平与竞争力测度［J］. 商业经济研究, 2021（21）: 172-175.

［22］谷永芬, 洪娟. 城市群服务业集聚与经济增长——以长三角为例［J］. 江西社会科学, 2013（04）: 43-47.

［23］顾乃华, 毕斗斗, 任旺兵. 中国转型期生产性服务业发展与制造业竞争力关系研究——基于面板数据的实证分析［J］. 中国工业经济, 2006（09）: 14-21.

［24］荆林波. 信息技术对服务业的渗透与影响——对"鲍穆尔模式"的再思考［J］. 财贸经济, 2004（07）: 20-24.

［25］江静, 刘志彪, 于明超. 生产者服务业发展与制造业效率提升：基于地区和行业面板数据的经验分析［J］. 世界经济, 2007（08）: 52-62.

［26］金相郁. 20 世纪区位理论的五个发展阶段及其评述［J］. 经济地理, 2004, 24（03）: 294-298+317.

［27］吉亚辉，杨倩妮．生产性服务业集聚与创新驱动发展［J］．中国科技论坛，2017（04）：69-75.

［28］刘书瀚，于化龙．生产性服务业集聚与区域经济增长的空间相关性分析——基于中国285个地级城市的实证研究［J］．现代财经（天津财经大学学报），2018（03）：67-81.

［29］李勇辉，沈波澜，胡舜，林森．生产性服务业集聚空间效应与城市技术创新——基于长江经济带108个城市面板数据的实证分析［J］．经济地理，2021，41（11）：65-76.

［30］李红锦，李胜会．基于扩展强度模型的城市群经济空间联系研究——珠三角城市群的实证研究［J］．企业经济，2011（11）：159-162.

［31］柳坤，申玉铭，刘辉．中国三大城市群服务业规模结构及演化特征［J］．地理科学进展，2012（10）：1289-1294.

［32］刘中艳，史鹏飞．甘肃省现代服务业发展影响因素的实证研究［J］．沈阳工业大学学报（社会科学版），2019（02）：129-136.

［33］李小建．公司地理的发展与主要理论浅析［J］．地域研究与开发，1991（04）：14-16.

［34］李小建．关于公司地理研究的几个问题［J］．经济地理，1991（03）：42-46.

［35］刘佳，石慕凡，陈小翔．研发服务业驱动先进制造业的创新共生效应——基于京、沪、苏、浙、粤投入产出表的动态比较［J］．经济问题，2021（10）：77-86.

［36］孟辉，李琳，萧小芬．中国服务业绿色发展的结构性差异及影响因素研究——基于Bootstrap-DEA模型的绿色技术效率测度［J］．经济纵横，2021（06）：100-110.

［37］秦国骏．中国服务贸易发展的特点，机遇与展望［J］．服务外包，2019（06）：78-80.

［38］任阳军，田泽，梁栋，张鑫．产业协同集聚对绿色全要素生产率的空间效应［J］．技术经济与管理研究，2021（09）：124-128.

［39］宋乐伟．现代制造业与生产者服务业互动发展研究［J］．机械制造与自动化，2007（01）：147-151.

［40］孙永河，孙晶，段万春．影响我国养老服务业发展的关键因素辨识

［J］．学术探索，2019（06）：69-76.

［41］邵将，伍婵提．我国高端服务业发展的影响因素及其能力提升——基于省域面板数据［J］．商业经济研究，2020（10）：188-192.

［42］覃一冬．集聚，增长与福利：理论和实证［D］．武汉：华中科技大学，2013.

［43］汪炜，史晋川，孙福国．经济增长的区域影响与集聚效应分析［J］．数量经济技术经济研究，2001（05）：52-56.

［44］吴爱东，刘慧丹．高技术服务业与制造业融合对制造业高质量发展影响研究［J］．天津经济，2021（10）：30-38.

［45］夏伦．产业融合促进了制造业转型升级吗？——基于先进制造业与现代服务业融合的视角［J］．哈尔滨商业大学学报（社会科学版），2021（05）：68-85.

［46］夏传文，刘亦文．长株潭城市群服务业竞争力的实证分析［J］．人文地理，2010（03）：100-104.

［47］许士道，江静．创业活力、创新能力与城市经济发展效率——基于283个地级市数据的实证检验［J］．山西财经大学学报，2021（03）：1-13.

［48］谢守红，宁越敏．世界城市研究综述［J］．地理科学研究进展，2004，23（05）：56-66.

［49］谢露露，王雨佳．旅游产业集聚对经济增长的空间溢出效应——来自长三角地区的经验研究［J］．上海经济，2018（04）：17-32.

［50］谢臻，卜伟．高技术产业集聚与创新——基于专利保护的门槛效应［J］．中国科技论坛，2018（10）：111-119.

［51］岳云嵩，陈红娜．数字贸易发展趋势、特征和国际比较——基于FATS视角的分析［J］．上海经济研究，2021（10）：77-87.

［52］鄢继尧，赵媛，许昕，崔盼盼，祝孔超．基于网络关注度的中国城市家政服务需求时空演变及影响因素［J］．经济地理，2021（11）：56-64.

［53］于斌斌．产业结构调整与生产率提升的经济增长效应——基于中国城市动态空间面板模型的分析［J］．中国工业经济，2015（12）：83-98.

［54］邹海荣，王亦男，吴国强．长三角城市金融资源集聚与经济发展协调度研究［J］．江西社会科学，2018（03）：80-87.

［55］张琦，赵福军，吕刚，等．促进我国服务贸易开放发展与竞争力提升

［J］．中国经济报告，2020（05）：80-98.

［56］周玲，李宝瑜．一般均衡框架下中国服务贸易增长路径研究［J］．统计与决策，2021（22）：134-138.

第二章　我国主要城市群发展基本情况比较

　　自党的十八大以来，我国城市群快速崛起，经济实力显著增强，初步形成了"19+2"的城市群分布格局，在国家机关发展规划指导下，以国家城市群为主导、以省区城市群为主体、以地方城市群为补充的三级城市群发展体系，成为我国区域经济发展的战略支撑。从发展相对较好的京津冀城市群、长三角城市群、粤港澳大湾区和成渝城市群对比来看，长三角城市群是我国 GDP 规模和人口规模最大的城市群，是我国经济发展的龙头，区域经济发展相对较好。粤港澳大湾区是我国人均 GDP 和城镇化率最高的城市群，独特的区位优势使其拥有世界上较大的空港群和海港群，竞争优势明显，发展潜力巨大。京津冀城市群是以首都为核心的城市群，其经济总量和人均 GDP 处于中等水平，虽然在经济规模上已经具有世界级体量，但在区域内部经济联系、产业合作与分工上，不仅与国外世界级城市群存在很大差距，与国内的长三角城市群、粤港澳大湾区相比也存在不小差距。成渝城市群不论是经济总量还是人均 GDP 都仍处于相对较低的水平，与前三大城市群都处于中国的东部地区不同，成渝城市群的发展将带动西部地区的经济发展，是解决区域发展不平衡、不充分的重要环节。

第一节　我国城市群发展概况

　　城市群的兴起是区域经济与城市化发展的产物。进入 20 世纪 90 年代后，一些在行政区域上邻近和空间布局上密集的城市集合，逐步演化成一批初具规模的城市群和正在形成的城市群雏形。2006年，国家"十一五"规划纲要首次提出"把城市群作为推进城镇化的主体形态"。2007年，党的十七大报告指出"以增强综合承载能力为重点，以特大城市为依托，形成辐射作用大的城市群，培育新的经济增长极"。2011年，国家"十二五"规划纲要提出"以大城市为依托，以中小城市为重点，逐步形成辐射作用大的城市群，促进大中小城市和小城镇协调发展"。2012年，党的十八大报告指出"继续实施区域发展总体战略，科学规划城市群规模和布局，增强中小城市和小城镇产业发展、公共服务、吸纳就业、人口集聚功能"。2013年，中央城镇化工作会议提出"要在中西部和东北有条件的地区，依靠市场力量和国家规划引导，逐步发展形成若干城市群"。在国家宏观政策的指导下，我国的城市群建设呈迅猛发展之势，在中西部地区，一批新兴的城市群开始崭露头角，成为各自区域发展的"领头雁"。

根据2014年《国家新型城镇化规划（2014—2020年）》以及国家"十三五"规划纲要，我国将在全国范围内重点规划建设19个城市群和2个城市圈，确定了"19+2"的城市群分布格局，即京津冀、长三角、珠三角、山东半岛、海峡西岸、哈长、辽中南、中原、长江中游、成渝、关中平原、北部湾、晋中、呼包鄂榆、黔中、滇中、兰州—西宁、宁夏沿黄和天山北坡19个城市群，以及以拉萨、喀什为中心的2个城市圈。2017年，党的十九大报告指出"以城市群为主体构建大中小城市和小城镇协调发展的城镇格局"。2018年，中共中央、国务院发布的《关于建立更加有效的区域协调发展新机制的意见》明确指出"建立以中心城市引领城市群发展、城市群带动区域发展新模式，推动区域板块之间融合互动发展"。国家"十四五"规划纲要提出，发展壮大城市群和都市圈，推动城市群一体化发展，全面形成"两横三纵"城镇化战略格局，并将19个城市群划分为优化提升、发展壮大、培育发展三个层级①。截至2021年底，国务院已经批复11个城市群规划，如表2-1所示。

表2-1　城市群国务院批复情况

规划名称	批复时间
长江中游城市群发展规划	2015年3月

---

① 优化提升京津冀、长三角、珠三角、成渝、长江中游城市群，发展壮大山东半岛、海峡西岸、中原、关中平原、北部湾城市群，培育发展哈长、辽中南、晋中、黔中、滇中、呼包鄂榆、兰州—西宁、宁夏沿黄、天山北坡城市群。

规划名称	批复时间
京津冀协同发展规划纲要	2015 年 4 月
哈长城市群发展规划	2016 年 2 月
成渝城市群发展规划	2016 年 4 月
长江三角洲城市群发展规划	2016 年 5 月
中原城市群发展规划	2016 年 12 月
北部湾城市群发展规划	2017 年 1 月
关中平原城市群发展规划	2018 年 1 月
呼包鄂榆城市群发展规划	2018 年 2 月
兰州—西宁城市群发展规划	2018 年 2 月
粤港澳大湾区发展规划	2019 年 2 月

当前我国城市群正处于快速发展的阶段，城市群各项经济指标发展均高于全国平均水平，城市群发展整体呈现经济总量持续增加、经济地位稳步提升、城镇化水平和质量不断提高的特征。

一是布局趋于合理，有利于更好地发挥城市群辐射作用。19 个城市群土地面积合计约 240 万平方公里，占全国土地面积的 1/4。从空间布局来看，19 个城市群在我国四大区域内均有分布，其中东部地区有 6 个城市群，中部地区有 4 个城市群，东北地区 1 个城市群和西部地区的 8 个城市群，相对分散的城市群空间布局也更有利于发挥城市群的辐射带动作用。而伴随人口、资金等生产要素在城市内部和城市之间的流动配置，城市群内部资源配置将更为优化、空间布局更为合理、经济运行更为高效，将进一步促进城市群带动周边更为良好的发展。

二是城市群已成为带动我国经济增长的核心区和增长极。从人口集聚状况来看，2015～2019 年 19 个城市群和 2 个城市圈的常住人口从 11.7 亿增加到 12.0 亿，2019 年占全国总人口的 85.8%。2018 年城镇化率达 61.7%，占全国城镇人口的 78.3%。我国城镇人口正在进一步向城市群地区集聚，城市群成为我国人口高密度集聚区域。从经济总量来看，2015～2019 年 19 个城市群和 2 个城市圈的地区生产总值从 67.0 万亿元增加到 90.6 万亿元，2019 年占全国 GDP 的 91.4%。地均生产总值从 1850 万元/平方公里增加到 2502 万元/平方公里，约为全国均值的 2.5 倍，城市群对全国经济发展具有举足轻重的作用。

三是城市群发展不均衡，梯度发展特征明显。我国幅员辽阔、人口众多，地区经济发展水平和资源环境承载能力各不相同。19 个城市群整体发展可以划分为三个梯队，呈自东向西、自南向北梯次发展的态势。东部沿海城市群如京津冀城市群、长三角城市群和粤港澳大湾区，它们的资源禀赋和经济基础良好，城市群发展趋于成熟，能够汇聚国内顶级资源，目标是建设世界级城市群。中部地区的城市群如长江中游城市群、成渝城市群、中原城市群等，它们的经济规模相对偏小，区位优势也不明显，城市群处于快速发展阶段，发展潜力巨大。东北部和西部地区的城市群如呼包鄂榆城市群、滇中城市群、黔中城市群等，它们还处于成长发育期，能够作为区域性城市群带动局部地区发展，但整体发展与东部沿海城市群相比仍有较大差距。

一方面，多数城市群中心城市尚处于集聚阶段，对周边中小城市的辐射带动作用不强；另一方面，城市群内的各城市之间由于利益因素互相博弈，协调机制不健全，城市群之间也存在同质化竞争、资源错配等问题。而京津冀城市群、长三角城市群、粤港澳大湾区、成渝城市群是我国发展相对领先的城市群。

第二节　四大城市群基本情况概述

一、京津冀城市群

京津冀城市群是中国北方经济的重要核心区，其定位是"以首都为核心的世界级城市群、区域整体协同发展改革引领区、全国创新驱动经济增长新引擎、生态修复环境改善示范区"。2015 年，《京津冀协同发展规划纲要》强调有序疏解北京非首都功能，提出了"一核双城三轴四区多节点"的空间结构。2015 年，《京津冀协同发展产业转移对接企业税收收入分享办法》确定迁移企业的分享税种、分享范围和分享方式，为推动京津冀产业协同发展提供了制度基础。2016 年，《"十三五"时期京津冀国民经济和社会发展规划》制定了到 2020 年协同发展要取得的阶段性目标。2016 年、2017 年各部门围绕司法服务和保障、民政事业协同发展和人才一体化发展等又分别作出了具体规范。

京津冀城市群（京津冀两市一省）土地面积合计 21.7 万平方公里，占全国土地面积的 2.2%。2019 年经济总量为 8.5 万亿元，占全国经济总量的 8.5%。

常住人口约为 1.1 亿，占全国总人口的 8.1%。京津冀城市群的整体创新能力具有明显优势，从 R&D 经费占 GDP 比重来看，2018 年京津冀为 3.1%，明显高于长三角的 2.8% 和珠三角的 2.6%；2019 年北京市高达 5.7%，高于上海、广州、深圳的 4.0%、2.8%、4.1%，也超过了 OECD 国家 2.4% 的平均水平。

从产业结构来看，2019 年京津冀城市群三次产业比例为 4.5 : 28.7 : 66.8。第二产业以传统制造和重化工为主，其中纺织、石油化工、钢铁、金属制品、汽车、电气机械、电子占比均超过 5%，合计占 GDP 比重约为 35%。第三产业以生产性服务业为主，其中批发零售、交通仓储、信息技术服务、金融、房地产、科技服务占比均超过 5%，合计占 GDP 比重约为 42%。分区域来看，北京生产性服务业占比约为 53%，已基本实现向知识和创新驱动的创新型城市转型；天津装备制造和石油化工业占比均约为 34%，当前仍处于主要依赖投资和重工业发展的制造城市阶段，但现代化程度已经较高；河北省产业以装备制造、石油化工、钢铁为支柱，资源城市仍然占大多数，自去产能和加大环保力度以来，河北省高耗能产业占工业比重从 2012 年的 44% 降至 2017 年的 38%。

二、长三角城市群

长三角城市群是"一带一路"与长江经济带的重要交汇地带，在我国现代化建设大局和全方位开放格局中具有重要的战略地位。2008 年，《国务院关于进一步推进长江三角洲地区改革开放和经济社会发展的指导意见》提出要把长三角地区建设成为亚太地区重要的国际门户和全球重要的先进制造业基地，以及具有较强国际竞争力的世界级城市群。2010 年，《长江三角洲地区区域规划》提出世界级城市群战略定位和"一核九带"的区域空间布局。2016 年，《长江三角洲城市群发展规划》提出以改革创新驱动推动长三角城市群协调发展，在长江三角洲城市群构建"一核五圈四带"网络化空间格局。2018 年，《长三角地区一体化发展三年行动计划（2018-2020 年）》提出以数字经济助推长三角地区高质量发展，推进一体化市场体系建设，共同打造长三角更加优质的营商环境。

长三角城市群（沪苏浙皖三省一市）土地面积合计 35.8 万平方公里，占全国土地面积的 3.7%。2019 年经济总量为 23.7 万亿元，占全国经济总量的23.8%。常住人口约为 2.3 亿，占全国总人口的 16.2%。其中，上海、苏州、杭州、南京、无锡和宁波 6 个城市的 GDP 超万亿元，占全国万亿元城市数量的37.5%。在城市层级结构方面，长三角城市群呈现出"一超二特三大"的格局，是中国城市层级结构最为合理的城市群，体现了"龙头城市—中心城市—区域中心城市—中小城市"层次合理、结构清晰的城市体系。

从产业结构来看，2019 年长三角城市群三次产业比例为 4.0：40.2：55.8。长三角城市群以电子、汽车、现代金融等产业为核心，上海的优势是创新能力强、服务业发展水平高、科技人才集聚；江苏制造业已形成集群，浙江民营经济发达，安徽有充足的劳动力资源，新兴产业发展迅猛。长三角城市群致力于成为具有全球影响力的科创高地和全球重要的现代服务业和先进制造业中心，未来主导产业主要包括电子信息、装备制造、钢铁制造、石油化工、汽车、纺织服装、现代金融、现代物流、商贸以及文化创意 10 个方面。

三、粤港澳大湾区

粤港澳大湾区①是亚太地区最具活力的经济区之一，是有全球影响力的先进制造业基地和现代服务业基地，对外开放的门户，辐射带动华南地区、华中地区和西南地区发展的龙头。1994 年，《珠江三角洲经济区城市群规划》第一次提出"珠三角城市群"概念，即建立"多核心结构"城市群目标和中东西"三大都市区"结构。2009 年，《大珠江三角洲城镇群协调发展规划研究》提出要构建"一湾三区"集聚、"三轴四层"拓展、"三域多中心"发展的整体空间结构，提高"大珠三角"整体的国际竞争力。2015 年，《珠江三角洲全域空间规划》提出围绕努力建设世界级城市群的目标定位，统筹生产、生活、生态发展，认真落实"一带一路"倡议、创新驱动等国家战略部署，充分衔接新型城镇化规划。

粤港澳大湾区（不含港澳）土地面积合计 5.5 万平方公里，占全国土地面积的 0.6%。2019 年经济总量为 8.7 万亿元，占全国经济总量的 8.8%。常住人口约为 6669 万，占全国总人口的 4.8%。2019 年珠三角 9 市城镇化率达 86.3%，是中国城镇化率最高的城市群。

其中，从珠三角产业结构来看，2019 年珠三角城市群三次产业比例为 4.0：40.1：55.9。珠三角城市群制造业水平发达，未来致力于构建科技、产业创新中心和先进制造业、现代服务业基地。珠三角城市群产业发展得益于 20 世纪 80 年代初和 90 年代初国际上的两次产业大转移，均以劳动密集型为主，产业结构趋同。除深圳外，其余城市支柱产业集中于机械制造、金属冶炼、纺织、食品、化

① 因数据获取问题，本书中粤港澳大湾区与珠三角城市群的概念并用。

工等制造业，金融、信息、新能源、新材料等产业发展缓慢。珠三角城市群与长三角、京津冀城市群相比，核心城市的自主创新能力仍待提高。2019年广州、深圳R&D经费支出占GDP的比重分别为2.9%、4.9%，而北京、上海已经分别达6.3%、4.0%。2019年广州、深圳发明专利授权量为1.2万件、2.6万件，低于北京、上海的5.3万件、2.3万件。

四、成渝城市群

成渝城市群以成都、重庆为中心，是我国西部地区发展水平最高、发展潜力最大的区域，是引领西部地区加快发展、提升内陆开放水平、增强国家综合实力的重要支撑，在促进区域协调发展和国际合作中具有重要的战略地位。2011年，《成渝经济区区域规划》明确提出把成渝经济区建设成为西部地区重要的经济中心、深化内陆开放的试验区、统筹城乡发展的示范区和长江上游生态安全的保障区。2016年，《成渝城市群发展规划》提出根据资源环境承载能力，优化提升核心地区，培育发展潜力地区，促进要素聚集，形成集约高效、疏密有致的空间开发格局，建设引领西部开发开放的国家级城市群。2021年，《成渝地区双城经济圈建设规划纲要》提出以发挥优势、彰显特色、协同发展为导向，突出双城引领，强化双圈互动，促进两翼协同，统筹大中小城市和小城镇发展，促进形成疏密有致、集约高效的空间格局。

成渝城市群土地面积18.5万平方公里，占全国土地面积的1.9%。2019年经济总量为6.5万亿元，占全国经济总量的6.3%；常住人口约为9600万，占全国总人口的6.9%。城镇化率从2010年的46.3%提高到2018年的53.8%，但依然低于长三角、珠三角、京津冀以及全国平均水平。成渝城市群中重庆市经济总量最高，2019年达2.4万亿元，占成渝城市群经济总量的36.3%；成都市2019年GDP为1.7万亿元，占城市群经济总量的26.2%。2018年成渝城市群R&D经费占GDP比重为1.8%，低于京津冀城市群的3.1%、长三角城市群的2.8%和珠三角城市群的2.6%。

成渝城市群内部缺少重要节点城市，城市群经济发展呈现哑铃式结构，"两头过大、中部塌陷"的态势明显，成都、重庆GDP均超过万亿元，而其他城市规模多在1000亿~3000亿元，与重庆、成都相比，经济总量、人口、优势产业等都偏少，但在劳动力价格、农业经济、生态资源等方面与核心城市形成互补。中等规模市的缺乏，不仅弱化了成都、重庆两座超大城市的辐射带动作用，其经济"虹吸"效应也使城市群中的其他城市发展动力不足。在产业发展方面，目前成渝城市群产业协同程度较低，重庆和成都均将汽车制造和电子信息产业作为支柱产业大力发展，重庆两大产业占工业增加值的50%左右，成都两大产业占工业增加值的45%左右，重庆、成都在汽车、电子产业发展上呈现一定程度的竞争态势。此外，新材料、IT产业、"互联网+"等产业也均是重庆和成都积极发展的产业。

第三节　四大城市群经济发展状况对比

由于四大城市群面积相差较大，发展水平各异，直接对比不完全可比。但从主要经济指标来看，仍可发现各自特点。

一、经济实力对比

2011~2020年，四大城市群地区生产总值均呈增长趋势。从规模来看，长三角城市群地区生产总值远大于其他城市群，具有绝对优势，其次是粤港澳大湾区，2020年长三角和粤港澳占全国的比重分别为23.5%和13.1%。京津冀与长三角、粤港澳大湾区之间的经济总量差额呈现不断扩大趋势，分别由2011年的7.0万亿元、2.5万亿元扩大到2020年的15.8万亿元、5.0万亿元，说明京津冀城市群的经济发展整体慢于长三角城市群与粤港澳大湾区，其占全国比重从2011年的9.2%下降到2020年的8.3%。从经济增长速度来看，除粤港澳大湾区，其他三大城市群年均增速均超过全国平均水平。粤港澳大湾区主要是由于2019年、2020年香港、澳门实际地区生产总值下降较快所致。四大城市群在拉动全国经济增长中具有重要作用。如表2-2所示。

表2-2　四大城市群经济总量对比　　　　　　　单位：亿元，%

	2011年		2020年		年均增长（按可比价格）
	经济总量	占全国比重	经济总量	占全国比重	
全国	506375.0	100.0	1041574.5	100.0	6.3
京津冀城市群	46686.0	9.2	86393.2	8.3	6.5

续表

	2011 年		2020 年		年均增长 （按可比价格）
	经济总量	占全国比重	经济总量	占全国比重	
长三角城市群	116988.6	23.1	244713.5	23.5	7.4
粤港澳大湾区	71507.6	14.1	136349.2	13.1	5.6
成渝城市群	31212.1	6.2	73601.6	7.1	8.5

资料来源：国家统计局。

从人均经济发展水平来看，四大城市群分为三个层级，其中长三角城市群、粤港澳大湾区位于第一层级，它们的人均 GDP 已经突破 10 万元，分别从 2011 年的 5.3 万元、6.2 万元增长到 2020 年的 10.4 万元、10.2 万元。京津冀城市群处于第二层级，人均 GDP 略高于全国平均水平，从 2011 年的 4.4 万元增加到 2020 年的 7.8 万元。成渝城市群位于第三层级，人均 GDP 低于全国平均水平，从 2011 年的 2.8 万元增加到 2020 年的 6.4 万元。但从增长速度来看，成渝城市群人均 GDP 年均增速超过全国平均增速，比全国高 1.5 个百分点，其他三大城市群均慢于全国平均增速。如表 2-3 所示。

表 2-3　四大城市群人均 GDP 对比　　　　单位：元，%

	2011 年	2020 年	年均增长
全国	36277	72000	7.9
京津冀城市群	44056	78276	6.6
长三角城市群	53368	104036	7.7
粤港澳大湾区	62058	101661	5.6
成渝城市群	28354	63603	9.4

资料来源：国家统计局。

二、产业结构对比

自"十三五"以来，四大城市群产业结构均发生明显变化。长三角城市群、粤港澳大湾区、成渝城市群经济结构均由"二三一"转变为"三二一"，京津冀城市群维持"三二一"的产业结构、第三产业占比更高。2020 年，四大城市群均已形成"三二一"的产业结构。但各城市群之间产业结构占比存在明显差异。京津冀城市群第三产业占比最高，达 67.2%，比 2011 年提高 11.3 个百分点，比长三角城市群高 10.8 个百分点，比粤港澳大湾区高 10.7 个百分点，比成渝城市群高 14.7 个百分点。这主要缘于京津冀城市群金融业、房地产业较为发达，金融资本等要素相对集聚；高校、科研院所资源优势明显，高新技术制造业的发展，也推动了信息技术服务、科技研发服务等高端服务业快速发展。长三角、珠三角城市群第二产业、第三产业发展相对均衡，2020 年长三角城市群第二产业和第三产业占比为 39.5% 和 56.4%，粤港澳大湾区第二产业和第三产业占比为 39.2% 和 56.5%。长三角城市群不仅高端装备制造业、电子信息制造业、新材料以及生物医药等竞争力较强，而且其相关的产业配套能力也较为发达，上海龙头作用带动明显，通过国际经济、金融、贸易、航运中心的建设不断辐射和带动苏浙皖三地联动发展，不仅形成了全国先进制造业基地，也推动了相关生产性服务业快速发展。粤港澳大湾区同样制造业水平较为发达，未来致力于构建科技、产业创新中心和先进制造业、现代服务业基地。成渝城市群发展时间相对较短，其第三产业发展水平在四大城市群中最低，也低于全国平均水平 1.9 个百分点，同时其第一产业占比最高，2020 年为 10.0%，超过全国平均水平 2.3 个百分点。成渝城市群身居内陆，是中西部地区高质量发展的"增长极"，但其当前发展与长三角、粤港澳、京津冀仍有明显差距，除了部分基础研究和原始创新能力培育外，成渝城市群主要依靠区域科技存量、战略装备和重大工程技术的推动来进行特色发展。如表 2-4 所示。

表 2-4　四大城市群产业结构对比　　　　　　　　　单位:%

	年份	第一产业	第二产业	第三产业
全国	2011	9.2	46.5	44.3
	2020	7.7	37.8	54.5
京津冀城市群	2011	6.4	37.7	55.9
	2020	4.9	27.9	67.2
长三角城市群	2011	5.5	49.5	45.0
	2020	4.1	39.5	56.4
粤港澳大湾区	2011	4.8	49.3	45.9
	2020	4.3	39.2	56.5
成渝城市群	2011	11.7	46.7	41.6
	2020	10.0	37.4	52.6

资料来源：国家统计局。

三、投资对比

自"十三五"以来，四大城市群固定资产投资均呈现不断增长的趋势。从投资规模上来看，长三角城市群固定资产投资额最高，且明显高于其他城市群，其次是京津冀城市群，2017 年两者占全国固定资产投资的比重分别为 18.9% 和 8.3%。从增速来看，京津冀城市群固定资产增速明显慢于其他城市群，也慢于全国平均水平，2011～2017 年年均增速为 10.6%，比成渝城市群低 4.1 个百分点，比粤港澳大湾区低 3.5 个百分点，比长三角城市群低 2.4 个百分点。从固定资产投资额占 GDP 比重来看，成渝城市群最高，2017 年为 85.3%，其次是京津冀城市群，2017 年为 72.7%，而长三角城市群和粤港澳大湾区相对较低，2017 年分别为 60.5% 和 41.2%，可见固定资产投资依然是促进经济稳定增长的重要推进剂，但也反映出成渝城市群、京津冀城市群对固定资产投资的依赖度较高，而长三角城市群、粤港澳大湾区企业等市场主体的表现更强。如表 2-5 所示。

表 2-5　四大城市群固定资产投资对比　　　　　　　单位：亿元，%

	2011 年			2017 年			年均增长
	固定资产投资额	占全国比重	占 GDP 比重	固定资产投资额	占全国比重	占 GDP 比重	
全国	311485.1	100.0	63.8	641238.4	100.0	77.1	12.8
京津冀城市群	29035.9	9.3	62.2	53066.2	8.3	72.7	10.6
长三角城市群	58295.7	18.7	49.8	121494.7	18.9	60.5	13.0
粤港澳大湾区	17069.2	5.5	32.2	37761.8	5.9	41.2	14.1
成渝城市群	21695.6	7.0	69.5	49439.1	7.7	85.3	14.7

资料来源：国家统计局。

四、消费对比

自"十三五"以来，四大城市群社会消费品零售总额均呈不断增长趋势。从规模来看，长三角城市群社会消费品零售总额最高，2020 年达 9.8 万亿元，占全国的 25.0%，其次是粤港澳大湾区，2020 年为 4.0 万亿元，占全国的 10.3%。从增速来看，成渝城市群增长最快，2011～2020 年均增长 11.7%，超过全国平均水平 2.7 个百分点,其次是长三角城市群,年均增长 10.1%;而粤港澳大湾区和京津冀城市群增长相对较慢,尤其是京津冀城市群年均仅增长 5.4%,低于全国平均水平 3.6 个百分点。从消费对经济增长的贡献度来看,四大城市群社会消费品零售总额占 GDP 比重有所分化,成渝城市群占比呈上升趋势,从 2011 年的 38.7% 提高到 2020 年的 44.3%,2020 年已经超过其他三大城市群,比全国平均水平也高 5.7 个百分点。京津冀城市群社会消费品零售总额占 GDP 比重呈下降趋势,从 2011 年的 40.0% 下降到 2020 年的 34.7%,2020 年已经低于其他三大城市群,比全国平均水平也低 3.9 个百分点。整体来看,四大城市群社会消费品零售总额在 GDP 的占比在 35%~45%,消费升级仍有很大提升空间。如表 2-6 所示。

表 2-6 四大城市群社会消费品零售总额对比 单位:亿元,%

	2011 年			2020 年			年均增长
	社会消费品零售总额	占全国比重	占 GDP 比重	社会消费品零售总额	占全国比重	占 GDP 比重	
全国	179803.8	100.0	36.8	391980.6	100.0	38.6	9.0
京津冀城市群	18652.8	10.4	40.0	30004.3	7.7	34.7	5.4
长三角城市群	41065.1	22.8	35.1	97982.4	25.0	40.0	10.1
粤港澳大湾区	20297.5	11.3	38.2	40207.9	10.3	36.3	7.9
成渝城市群	12073.1	6.7	38.7	32612.1	8.3	44.3	11.7

资料来源:国家统计局。

五、对外经济贸易对比

自"十三五"以来,四大城市群货物进出口总额呈现波动上升的趋势。从进出口额占全国比重来看,四大城市群有所分化,占比最高的长三角城市群基本保持稳定,从 2011 年的 36.2% 小幅上升到 2020 年的 36.8%;粤港澳大湾区、京津冀城市群则呈下降趋势,分别从 2011 年的 25.1%、15.0% 下降到 2020 年的 22.0%、10.8%;成渝城市群则呈上升趋势,从 2011 年的 2.1% 上升到 2020 年的 4.5%。从增速来看,成渝城市群货物进出口额增长最快,2011~2020 年均增长 11.4%,超过全国平均水平 8.5 个百分点,其余三大城市群的年均增速均低于全国平均水平，长三角城市群货物进出口额年均增长 2.8%，比全国平均水平低 0.1 个百分点，粤港澳大湾区年均增长 1.6%，比全国平均水平低 1.3 个百分点，京津冀城市群年均增速最低，仅为 0.8%，比全国平均水平低 2.1 个百分点。如表 2-7 所示。

表 2-7　四大城市群货物进出口额对比　　　　　单位：亿美元，%

	2011 年		2020 年		年均增长
	货物进出口额	占全国比重	货物进出口额	占全国比重	
全国	36418.6	—	46559.1	—	2.9
京津冀城市群	5465.3	15.0	5047.6	10.8	0.8
长三角城市群	13178.2	36.2	17119.4	36.8	2.8
粤港澳大湾区	9134.7	25.1	10236.3	22.0	1.6
成渝城市群	769.3	2.1	2109.8	4.5	11.4

资料来源：国家统计局。

从实际利用外资情况来看，长三角城市群实际利用外商直接投资金额一直在四大城市群中保持首位，从 2011 年的 667.6 亿美元增加到 2019 年的 766.7 亿美元，而其他三大城市群的实际利用外商直接投资额均低于长三角城市群，2019 年京津冀相当于长三角的 38.1%，粤港澳相当于长三角的 28.8%，成渝城市群相当于长三角的 29.7%。从增速来看，京津冀城市群、长三角城市群增长相对较快，2011~2019 年均增长分别为 1.8%、1.7%，成渝城市群和粤港澳大湾区增长相对较慢，年均分别增长 0.7% 和下降 0.1%。如表 2-8 所示。

表 2-8　四大城市群实际利用外资对比　　　　　单位：亿美元，%

	2011 年实际利用外商直接投资金额	2019 年实际利用外商直接投资金额	年均增速
京津冀城市群	253.7	292.2	1.8
长三角城市群	667.6	766.7	1.7
粤港澳大湾区	223.3	220.6	-0.1
成渝城市群	216.1	227.9	0.7

资料来源：国家统计局。

执笔人：王术华　吴伯男　常　艳

参考文献

［1］陈明华，刘玮，刘华军．中国五大城市群经济发展的分布动态及交互影响［J］．经济与管理评论，2017，33（05）：146-154.

［2］孙媛．我国三大城市群的经济发展情况比较研究［C］．"四个全面"·创新发展·天津机遇——天津市社会科学界第十一届学术年会优秀论文集（中），2015.

［3］田凤平，秦瑾龙，杨科．中国三大城市群经济发展的区域差异及收敛性研究［J］．系统工程理论与实践，2021，41（07）：1709-1721.

［4］原青青，叶堂林．我国三大城市群发展质量评价研究［J］．前线，2018（07）：73-75.

［5］张秋凤，牟绍波．新发展格局下中国五大城市群创新发展战略研究［J］．区域经济评论，2021（02）：97-105.

第三章　我国城市与城市群服务业发展比较

第一节　我国服务业发展总体概况

近年来，我国服务业快速增长，2013 年已发展成为全球第二大服务业国家，规模仅次于美国①。2020 年，我国服务业增加值近 55.4 万亿元，接近同年美国服务业增加值（17 万亿美元）的 50%，全国服务业增加值占 GDP 的比重达 54.5%，比 2015 年提高了 4.5 个百分点，年均提高近 1 个百分点。从全球来看，美欧及日韩等发达经济体服务业增加值占比已处于较稳定状态，中国仍处于不断增长状态，与发达经济体的服务业占比差距不断缩小。如图 3-1 所示。

服务业增速最快，对 GDP 增长贡献率最高。自"十三五"以来，我国服务业增加值年均增长 9%，比工业高 2.3 个百分点，比农业高 2.5 个百分点。2020年，我国服务业对 GDP 增长的贡献率超过 63%，比工业高 51 个百分点，比农业高 38 个百分点，拉动经济增长 1.9 个百分点，是拉动经济增长的主要力量。

服务业结构持续优化，现代服务业发展活力不断释放。自"十三五"以来，批发和零售业、金融业和房地产业保持增加值规模位列前三，占 GDP 比重合计为 24%。但从增速来看，2016~2018 年，信息传输、软件和信息技术服务业，租

---

① "十三五"我国服务业成就、经验与"十四五"发展趋势［EB/OL］.［2021-01-15］. http：//www. rmlt. com. cn/2021/0115/605198. shtml.

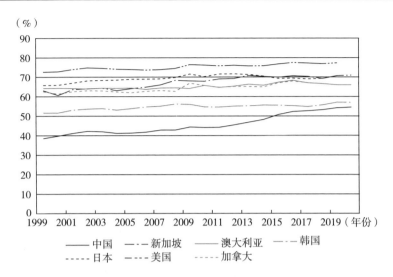

图 3-1 全球主要国家服务业增加值占 GDP 比重变化情况

资料来源：世界银行相关统计数据。

赁和商务服务业，科学研究、技术服务和地质勘查业，文化、体育和娱乐业等产业达 14% 的年均增速，高于批发和零售业 4 个百分点以上，服务业结构持续优化。2020 年，在新冠肺炎疫情的冲击下，信息传输、软件和信息技术服务业（增加值同比增长 16.9%）与金融业（增加值同比增长 7.0%）有力支撑了经济较快恢复，对经济增长的贡献率合计达 54.1%。值得关注的是，数字变革加速了新消费行为和新经济形态的涌现，带动相关服务业快速增长。2020 年 1~11 月，我国规模以上互联网和相关服务、软件和信息技术服务业企业营业收入同比分别增长 20.7% 和 15.7%，增速分别高于规模以上服务业企业 19.1 个和 14.1 个百分点；规模以上高技术服务业、科技服务业和战略性新兴服务业企业营业收入同比分别增长 12.0%、11.0% 和 8.6%，增速分别高于规模以上服务业企业 10.4 个、9.4 个和 7.0 个百分点[1]。

服务业发展在空间上高度集聚，长三角、珠三角、京津冀服务业高度发达。2019 年，全国前六个省份服务业增加值占全国服务业总规模的比重高达 45%，其中，有五个省份位于长三角、珠三角、京津冀三大区域。分区域看，长三角在全国六强中占了三强（上海、江苏、浙江），服务业增加值比重超过全国的 1/5；广东

---

① 杜希双. 服务业稳定回升显韧性 新动能势头强劲蕴新机 [N]. 中国信息报，2021-01-20 (002).

作为珠三角所在省份服务业增加值占全国的比重达11%；北京作为京津冀的核心城市，服务业增加值规模在全国省份中排名第五，占全国服务业增加值比重为5.5%。

第二节 三大城市群服务业发展情况比较

本节以京津冀服务业发展为主线，对京津冀、长三角、粤港澳三大城市群服务业增加值、投资、就业、内部偏好和政策环境进行比较分析。

一、增加值规模比较：京津冀服务业增加值占 GDP 比重高，但服务业增加值增速低

从城市群整体来看，三大城市群服务业增加值规模均逐年增加，占地区生产总值比重也呈上升趋势。2019 年京津冀服务业增加值占地区生产总值比重为67.1%，比长三角高 11.3 个百分点，比粤港澳大湾区高 3.9 个百分点[①]。按可比价格计算，2014～2019 年京津冀服务业增加值年均增速为 8.1%，比长三角低0.7 个百分点，比粤港澳大湾区高 1.9 个百分点。京津冀、粤港澳大湾区在全国（含港澳）的相对地位有所下降，分别从 2014 年的 10.5%、15.9%下降到 2019年的 10.1%、15.4%，长三角从 2014 年的 22.6%上升到 2019 年的 23.4%，如表3-1 所示。

表 3-1　三大城市群服务业增加值比较　　　　　单位：亿元，%

	2014 年			2019 年			年均增速（按可比价格）
	服务业增加值	占 GDP比重	占全国比重	服务业增加值	占 GDP比重	占全国比重	
全国	330032.6	49.6	100.0	561493.9	55.3	100.0	7.7
京津冀城市群	34767.5	59.2	10.5	56652.8	67.1	10.1	8.1
长三角城市群	74637.1	48.9	22.6	131574.3	55.8	23.4	8.8
粤港澳大湾区	52582.6	58.8	15.9	86391.0	63.2	15.4	6.2

资料来源：国家统计局。

---

① 增加值比较部分粤港澳大湾区包含香港、澳门相关数据。

从城市群内部来看,京津冀服务业增加值主要来自北京,河北则呈上升趋势。2019 年北京、天津和河北服务业增加值占京津冀比重分别为 52.4%、15.8% 和 31.9%。长三角服务业发展相对均衡,上海、江苏服务业增加值占长三角比重呈下降趋势,浙江、安徽服务业增加值占长三角比重呈上升趋势,2019 年上海、江苏、浙江和安徽服务业增加值占长三角比重分别为 21.0%、38.6%、25.9% 和 14.4%。粤港澳大湾区服务业增加值主要来自广东,香港、澳门服务业增加值占粤港澳大湾区比重呈下降趋势,广东服务业增加值占粤港澳大湾区比重呈上升趋势,2019 年广东、香港和澳门服务业增加值占粤港澳大湾区的比重分别为 69.8%、26.1% 和 4.2%,如表 3-2 所示。

表 3-2 三大城市群服务业增加值内部结构比较　　单位:亿元,%

		2014 年		2019 年		年均增速 (按可比价格)
		服务业增加值	占城市群比重	服务业增加值	占城市群比重	
京津冀城市群	北京	18333.9	52.7	29663.4	52.4	7.4
	天津	5866.3	16.9	8922.9	15.8	6.2
	河北	10567.3	30.4	18066.5	31.9	10.2
长三角城市群	上海	16504.5	22.1	27686.9	21.0	8.7
	江苏	30174.3	40.4	50852.1	38.6	8.4
	浙江	18716.2	25.1	34075.8	25.9	9.3
	安徽	9242.1	12.4	18959.5	14.4	9.6
粤港澳大湾区	广东	33204.0	63.1	60268.1	69.8	8.6
	香港	16198.5	30.8	22536.9	26.1	2.0
	澳门	3180.1	6.0	3586.0	4.2	-2.1

资料来源:国家统计局。

从核心城市来看,北京、上海、深圳服务业增加值规模均逐年增加,占地区生产总值比重呈上升趋势。2019 年北京服务业增加值占地区生产总值比重为 83.7%,比上海和深圳分别高 10.8 个和 22.8 个百分点。按可比价格计算,北京服务业增加值年均增速为 7.4%,比上海低 1.3 个百分点,比深圳低 1.2 个百分点。2014~2019 年,北京在全国的地位相对下降,服务业增加值占全国比重从 5.9% 下降到 5.5%;上海从 5.3% 下降到 5.2%;深圳则小幅上升,从 3.0% 上升到 3.1%,如表 3-3 所示。

表 3-3　三大城市群核心城市服务业增加值比较　　单位：亿元，%

	2014 年			2019 年			年均增速（按可比价格）
	服务业增加值	占 GDP 比重	占全国比重	服务业增加值	占 GDP 比重	占全国比重	
北京	18333.9	80.0	5.9	29663.4	83.7	5.5	7.4
上海	16504.5	65.3	5.3	27686.9	72.9	5.2	8.7
深圳	9184.2	57.4	3.0	16406.1	60.9	3.1	8.6

资料来源：国家统计局。

二、投资水平比较：京津冀服务业投资占全部投资比重低，但投资效益高

从城市群整体来看，三大城市群服务业固定资产投资规模均逐年增加。2014~2019 年京津冀服务业固定资产投资年均增速为 5.3%，比全国平均水平低 0.6 个百分点，比长三角低 3.4 个百分点，比粤港澳大湾区低 8.3 个百分点[①]。服务业固定资产投资占全部固定资产投资比重也呈上升趋势，2019 年京津冀服务业固定资产投资占全部投资比重为 57.3%，比长三角低 0.1 个百分点，比粤港澳大湾区低 13 个百分点。京津冀服务业投资占全国服务业投资比重呈小幅下降趋势，从 2014 年的 8.9% 下降到 2019 年的 8.7%，长三角、粤港澳大湾区呈上升趋势，分别从 2014 年的 18.6% 和 6.1% 上升到 2019 年的 21.2% 和 8.6%。京津冀、长三角服务业投资效益呈上升趋势[②]，分别从 2014 年每亿元固定资产投资额创造 1.38 亿元和 1.42 亿元服务业增加值，增加到 2019 年的 1.73 亿元和 1.65 亿元，粤港澳大湾区服务业投资效益呈下降趋势，从 2014 年的每亿元固定资产投资额创造 1.93 亿元服务业增加值下降到 1.86 亿元，但三大城市群服务业投资效益均高于全国服务业投资效益，如表 3-4 所示。

---

① 限于数据较难获取，投资比较部分粤港澳大湾区不含香港、澳门相关数据。
② 服务业固定资产投资效益用服务业增加值÷服务业固定资产投资额来表示。

表 3-4　三大城市群服务业投资比较　　　　单位：亿元，%

	2014 年服务业固定资产投资			2019 年服务业固定资产投资			年均增速
	占区域全部固定资产投资总额比重	占全国服务业固定资产投资总额比重	投资效益	占区域全部固定资产投资总额比重	占全国服务业固定资产投资总额比重	投资效益	
全国	56.3	100.0	1.1	68.1	100.0	1.4	5.9
京津冀城市群	55.6	8.9	1.4	57.3	8.7	1.7	5.3
长三角城市群	56.9	18.6	1.4	57.4	21.2	1.7	8.7
粤港澳大湾区	66.1	6.1	1.9	70.3	8.6	1.9	13.6

资料来源：国家统计局。

　　从城市群内部来看，京津冀服务业固定资产投资主要来自河北，北京、天津服务业固定资产投资占京津冀比重呈下降趋势，河北呈上升趋势，2019 年北京、天津和河北服务业固定资产投资占京津冀比重分别为 22.0%、24.6% 和 53.4%。北京服务业投资效益明显高于天津、河北，2019 年每亿元固定资产投资额创造的服务业增加值分别为 4.12 亿元、1.11 亿元和 1.03 亿元。长三角服务业固定资产投资分布相对均衡，上海、江苏服务业固定资产投资占长三角比重呈下降趋势，浙江、安徽呈上升趋势，2019 年上海、江苏、浙江和安徽服务业固定资产投资占长三角比重分别为 8.3%、36.2%、32.8% 和 22.6%。上海服务业投资效益明显高于江苏、浙江、安徽，2019 年每亿元固定资产投资额创造的服务业增加值分别为 4.16 亿元、1.75 亿元、1.30 亿元和 1.05 亿元，如表 3-5 所示。

表 3-5　三大城市群服务业投资内部结构比较　　　　单位：亿元，%

		2014 年服务业固定资产投资			2019 年服务业固定资产投资		
		占全部固定投资比重	占城市群比重	投资效益	占全部固定投资比重	占城市群比重	投资效益
京津冀城市群	北京	88.4	26.5	2.7	91.5	22.0	4.1
	天津	55.6	25.7	0.9	66.4	24.6	1.1
	河北	46.1	47.8	0.9	47.0	53.4	1.0
长三角城市群	上海	80.6	9.2	3.4	83.0	8.3	4.2
	江苏	50.6	40.0	1.4	49.2	36.2	1.8
	浙江	65.2	29.2	1.2	71.4	32.8	1.3
	安徽	53.1	21.5	0.8	50.6	22.6	1.1

续表

		2014 年服务业固定资产投资			2019 年服务业固定资产投资		
		占全部固定投资比重	占城市群比重	投资效益	占全部固定投资比重	占城市群比重	投资效益
粤港澳大湾区	广东	66.1	100.0	1.9	70.3	100.0	1.9

资料来源：国家统计局。

从核心城市来看，北京服务业固定资产投资规模 2018 年后有所下降，上海、深圳则逐年增加，三市服务业固定资产投资占全部投资比重都呈上升趋势，2019年北京占比为 91.5%，比上海、深圳分别高 8.5 个和 6.5 个百分点。北京、上海服务业投资效益呈上升趋势，深圳呈下降趋势，2019 年北京每亿元固定资产投资额创造的服务业增加值为 4.1 亿元，低于上海的 4.2 亿元，高于深圳的 2.6 亿元。2014~2019 年，北京服务业固定资产投资占全国比重呈下降趋势，从 2.4%下降到 1.9%，上海基本稳定在 1.7%左右，深圳呈上升趋势，从 0.8%上升到 1.7%，如表 3-6 所示。

表 3-6　三大城市群核心城市服务业投资比较　　　　单位：亿元，%

	2014 年服务业固定资产投资			2019 年服务业固定资产投资			年均增速
	占全部固定资产投资比重	占全国服务业固定资产投资比重	投资效益	占全部固定资产投资比重	占全国服务业固定资产投资比重	投资效益	
北京	88.4	2.4	2.7	91.5	1.9	4.1	1.5
上海	80.6	1.7	3.4	83.0	1.8	4.2	6.5
深圳	80.8	0.8	4.2	85.0	1.7	2.6	23.3

三、就业水平比较：京津冀服务业就业占全部就业比重高，但劳动生产率低

从城市群整体来看，三大城市群服务业带动就业人员规模均逐年增加，2014~2019 年京津冀服务业从业人员年均增速为 2.5%，比全国平均水平低 0.3个百分点，比长三角低 0.1 个百分点，比粤港澳大湾区低 6.6 个百分点[①]。三大城市群服务业就业人员占全部就业人员的比重均呈上升趋势，2019 年京津冀服

---

① 就业水平比较部分粤港澳大湾区包含香港、澳门相关数据。

务业就业人员占全部就业人员的比重为48.6%，比长三角高3.5个百分点，比粤港澳大湾区低5.6个百分点。京津冀、长三角服务业从业人员占全国服务业从业人员比重变动不大，2014年分别为8.7%和18.2%；2019年为8.6%和18.0%。粤港澳大湾区服务业从业人员占全国比重呈上升趋势，从2014年的8.3%上升到2019年的11.2%。三大城市群服务业劳动生产率①均呈现上升趋势，京津冀从12.7万元/人增加到18.4万元/人，长三角从13.1万元/人增加到20.3万元/人，粤港澳大湾区从20.2万元/人增加到21.5万元/人。京津冀服务业劳动生产率低于长三角和粤港澳大湾区，但高于全国平均水平（2019年15.6万元/人），如表3-7所示。

表3-7　三大城市群服务业就业情况比较　　单位：万元/人，%

	2014年服务业从业人员			2019年服务业从业人员			年均增速
	占全部从业人员比重	占全国比重	服务业劳动生产率	占全部从业人员比重	占全国比重	服务业劳动生产率	
全国	40.8	—	10.6	47.4	—	15.6	2.8
京津冀城市群	43.7	8.7	12.7	48.6	8.6	18.4	2.5
长三角城市群	40.2	18.2	13.1	45.1	18.0	20.3	2.6
粤港澳大湾区	39.4	8.3	20.2	54.2	11.2	21.5	9.1

资料来源：国家统计局。

从城市群内部来看，京津冀服务业从业人员中河北最多，但占京津冀的比重呈下降趋势，从2014年的50.1%下降到2019年的47.4%；北京占京津冀的比重呈上升趋势，从2014年的32.8%上升到2019年的34.3%；天津人数最少，占京津冀的比重也呈上升趋势，从2014年的17.1%上升到2019年的18.3%。北京、天津和河北的服务业劳动生产率均呈上升趋势，北京明显高于天津、河北，2019年分别为28.0万元/人、15.8万元/人和12.4万元/人。长三角服务业从业人员分布相对均衡，上海、浙江服务业从业人员占长三角比重呈上升趋势，江苏、安徽呈下降趋势，2019年上海、江苏、浙江和安徽服务业就业人员占长三角比重分别为15.4%、30.9%、26.3%和27.4%。长三角四省份服务业劳动生产率均呈上升趋势，上海、江苏明显高于浙江、安徽，2019年分别为27.7万元/人、25.4万元/人、20.0万元/人和10.7万元/人。粤港澳大湾区服务业就业人员中广东最

---

①　服务业劳动生产率为服务业增加值与服务业从业人员的比值。

多，且占粤港澳大湾区比重呈上升趋势，从 2014 年的 86.1% 上升到 2019 年的 90.7%，香港 2019 年占 8.4%，澳门占比最小 2019 年仅为 0.9%。澳门、香港的服务业劳动生产率远高于广东，2019 年分别为 102.5 万元/人、66.6 万元/人和 16.5 万元/人，如表 3-8 所示。

表3-8 三大城市群服务业就业内部结构比较　单位：万元/人，%

		2014 年服务业从业人员			2019 年服务业从业人员		
		占全部从业人员比重	占城市群比重	服务业劳动生产率	占全部从业人员比重	占城市群比重	服务业劳动生产率
京津冀城市群	北京	77.3	32.8	20.5	83.1	34.3	28.0
	天津	53.3	17.1	12.5	63.1	18.3	15.8
	河北	32.5	50.1	7.7	34.9	47.4	12.4
长三角城市群	上海	61.8	14.8	19.6	72.6	15.4	27.7
	江苏	37.7	31.5	16.8	42.1	30.9	25.4
	浙江	36.8	24.0	13.7	44.0	26.3	20.0
	安徽	39.1	29.6	5.5	40.5	27.4	10.7
粤港澳大湾区	广东	36.2	86.1	14.8	52.2	90.7	16.5
	香港	87.9	12.6	49.2	87.8	8.4	66.6
	澳门	84.3	1.3	97.3	90.3	0.9	102.5

资料来源：国家统计局。

从核心城市来看，北京、上海、深圳服务业从业人员占全部从业人员比重均呈上升趋势，2019 年北京占比为 83.1%，比上海、深圳分别高 10.5 个和 22.9 个百分点。北京、上海和深圳的服务业劳动生产率也均呈上升趋势，2019 年北京为 28.0 万元/人，高于上海的 27.7 万元/人和深圳的 21.2 万元/人。2014～2019 年，北京、上海服务业从业人员占全国比重基本保持稳定，北京为 2.9% 左右，上海为 2.7% 左右，深圳则呈上升趋势，从 1.5% 上升到 2.2%，如表 3-9 所示。

表3-9 三大城市群核心城市服务业就业情况比较　单位：万元/人，%

	2014 年服务业从业人员			2019 年服务业从业人员			年均增速
	占全部从业人员比重	占全国比重	服务业劳动生产率	占全部从业人员比重	占全国比重	服务业劳动生产率	
北京	77.3	2.9	20.5	83.1	2.9	28.0	3.4
上海	61.8	2.7	19.6	72.6	2.8	27.7	3.4
深圳	52.0	1.5	19.6	60.2	2.2	21.2	10.6

资料来源：国家统计局。

四、服务业内部结构比较：三大城市群均以批发和零售业、金融业、房地产业为主，长三角、粤港澳大湾区批发和零售业占比最高，京津冀金融业占比最高

截至 2019 年，长三角地区服务业增加值规模排名前三的行业分别是批发和零售业、金融业、房地产业，与全国的格局基本一致。2011~2019 年，上述三个行业始终保持增加值规模排名前三，其中，批发和零售业占区域 GDP、第三产业比重总体趋稳；金融业和房地产业增加值规模持续扩大，占 GDP 和第三产业的比重增长较为明显，金融业从 2011 年的 7.3% 和 15.8% 上升至 2019 年的 9.5% 和 16.8%，房地产业从 2011 年的 5.8% 和 12.6% 上升至 2019 年的 8.0% 和 14.1%。从现代服务业发展来看，2015~2019 年，金融业、房地产业占区域 GDP 比重稳步上升，信息传输、软件和信息技术服务业，科学研究、技术服务业，租赁和商务服务业占比在近两年则有所下降，需警惕产业脱实向虚风险，如图 3-2 所示。

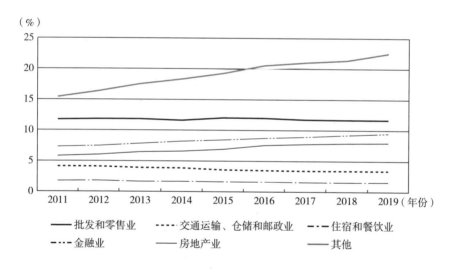

图 3-2　长三角各行业增加值占地区生产总值比重

注：根据《中国统计年鉴》统计口径绘制，"其他"包括除批发和零售业，交通运输、仓储和邮政业，住宿和餐饮业，金融业，房地产业外的所有服务业。

粤港澳大湾区服务业内部行业结构中，批发和零售业占比最高，其次是金融业，房地产业。交通运输、仓储和邮政业，住宿和餐饮业占比较低。虽然批发和零售业占比较高，高于全国比重，但近五年来呈下降趋势。2019 年批发和零售业占比为 11.8%，比 2014 年下降了 2 个百分点。金融业和房地产业占比上升，

两者增加值占地区生产总值比重均高于全国，并且距离呈逐渐加大之势。交通运输、仓储和邮政业占比低于全国，住宿和餐饮业占比略高于全国，两者近年来占比均呈下降趋势，如图3-3所示。

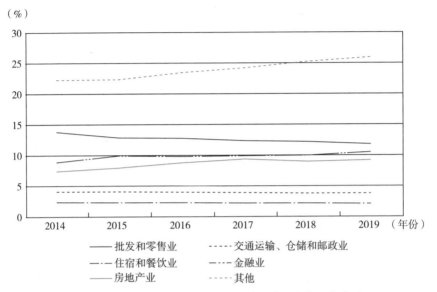

图3-3 粤港澳大湾区各行业增加值占地区生产总值比重

注：根据《中国统计年鉴》统计口径绘制，"其他"包括除批发和零售业，交通运输、仓储和邮政业，住宿和餐饮业，金融业，房地产业外的所有服务业。

在京津冀服务业内部行业中，增加值占地区生产总值比重最高的是金融业，与全国金融业增加值占比逐年下降不同，京津冀地区金融业增加值占比在逐年上升，从2011年的7.1%上升到2019年的12.9%。2019年，批发和零售业增加值占比为8.5%，与国家批发和零售业整体发展趋势一致，呈现出占比逐渐下降的趋势。京津冀房地产业增加值占地区生产总值比重逐年上升，2019年占比为7.3%。住宿和餐饮业近几年增加值占比也在缓慢下降，2019年增加值占比最低为1.3%，如图3-4所示。

五、政策环境比较：融合创新开放成为政策变革共同导向，长三角、珠三角区域协同进程更快

在发展政策方面，近两年国家层面加强顶层设计，加快推动服务业融合、创新、开放发展。北京、上海、深圳作为京津冀、长三角、珠三角三大城市群的核心城市，承担着深化改革、加大开放重要试点示范作用。

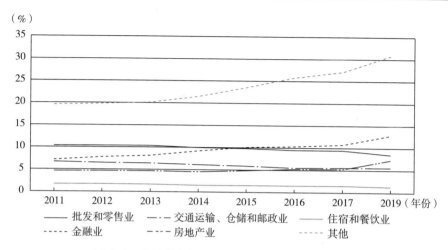

图3-4 京津冀各行业增加值占地区生产总值比重

注：根据《中国统计年鉴》统计口径绘制，"其他"包括除批发和零售业，交通运输、仓储和邮政业，住宿和餐饮业，金融业，房地产业外的所有服务业，《中国统计年鉴（2019）》未披露2018年分行业增加值。

一是加快推动先进服务业与高端制造业的融合发展（下文简称两业融合）。自2019年以来，国家相继出台了一系列意见规划，为我国两业融合发展实践提供了行动指南。2019年9月，习近平总书记在中央深改委第十次会议上明确指出，推动两业融合是增强制造业核心竞争力、培育现代产业体系、实现高质量发展的重要途径。2019年11月，发改委等15部门联合印发《关于推动先进制造业和现代服务业深度融合发展的实施意见》，提出两业融合发展的新业态、新模式、新路径。2020年6月，工业和信息化部等15部门联合印发《关于进一步促进服务型制造发展的指导意见》，进一步提出服务型制造是先进制造业和现代服务业深度融合的重要方向，要加快培育发展服务型制造新业态、新模式，为制造强国建设提供有力支撑。2020~2021年，发改委以试点方式，每年在全国遴选试点企业和区域，推动两业融合发展，各地也根据实际需要，推动本地两业融合发展试点工作。其中，长三角、珠三角区域由于制造业发展基础较好、一体化发展程度较深，在上海、浙江、江苏、深圳等省市，涌现出物流、研发、商务、金融等赋能制造业发展多种模式，两业融合广泛深入推进。

二是以数字化转型为抓手，推动服务业创新发展。在生产性服务业方面，2021年3月，发改委等13部门联合印发《关于加快推动制造服务业高质量发展的意见》，要求加快提升面向制造业的专业化、社会化、综合性服务能力，提高制造业产业链整体质量和水平，为加快构建以国内大循环为主体、国内国际双循环相互促进的新发展格局提供有力支撑。在生活性服务业方面，着眼于人民生活品质提高，2021 年 10 月，发改委发布《关于推动生活性服务业补短板上水平提高人民生活品质的若干意见》，明确提出要推动服务数字化赋能，加快线上线下融合发展，推动服务数据开放共享。各地按照国家政策部署加快落实，总体而言，由于良好的数字化基础设施，北京、上海、深圳等核心城市在数字化转型方面走在前列。以数据要素市场建设为例，深圳、上海已于 2021 年 7 月、11 月相继发布数据条例，为数据交易提供法治保障，北京、上海已于 2021 年 3 月、11 月相继成立数据交易所，为数据市场交易搭建基础设施平台。在区域方面，2021 年 7 月，《广东省数据要素市场化配置改革行动方案》印发，为加快粤港澳数字化发展画好"路线图"。

三是以数字贸易发展为抓手，加快推动服务业对外开放。服务贸易是国际贸易的重要组成部分和国际经贸合作的重要领域，在构建新发展格局中具有重要作用。其中，数字贸易是服务贸易发展的新趋势和新引擎。近两年来，国家层面加强数字贸易发展的顶层设计，加强数字领域国际合作和规则协调。《"十四五"服务贸易发展规划》中涉及"数字"相关内容被提及 83 次，明确提出"加快服务贸易数字化进程"，大力发展数字贸易、推进服务外包数字化高端化、促进传统服务贸易数字化转型、建立健全数字贸易治理体系。京沪深作为全国超大型城市与三大城市群核心城市，是服务业对外开放的"排头兵"。其中，深圳按照《中共中央 国务院关于支持深圳建设中国特色社会主义先行示范区的意见》要求，以制度创新为核心，进一步深化前海深港现代服务业合作区改革开放，丰富"一国两制"事业发展新实践，助推粤港澳大湾区建设。北京按照《关于深化北京市新一轮服务业扩大开放综合试点建设国家服务业扩大开放综合试点区工作方案》和《中国（北京）自由贸易试验区总体方案》要求，加快推动服务业更高水平、更大范围、更深层次的全方位对外开放，并促进商品和要素流动型开放向规则制度型开放转变。上海作为长三角核心城市，按照《中共中央 国务院关于支持浦东新区高水平改革开放打造社会主义现代化建设引领区的意见》要求，加快自贸试验区改革，对标国际上公认的竞争力最强的自由贸易园区，在制度型开放等方面加强探索。在全面深化服务贸易创新发展试点的基础上，国家将探索升级建设国家服务贸易创新发展示范区，打造高水平开放平台，促进服务贸易转型升级。

执笔人：王术华　常　艳　刘作丽　李金亚　贾君欢　张　悦

第四章　500 强企业视角下的城市群服务业发展比较

2020 年，面对复杂严峻的国际形势和新冠肺炎疫情冲击，我国统筹疫情防控和经济社会发展取得显著成效，国内生产总值突破百万亿元大关，是全球唯一实现经济正增长的主要经济体。期间，我国服务业 500 强企业表现出很强的发展韧性，增长态势好于经济整体水平，在稳定经济增长、构建新发展格局中发挥了引领带动作用。培育具有全球影响力的服务品牌，发挥好服务业 500 强企业"顶梁柱"作用，提升其影响力、带动力和辐射力，对于畅通国内国际双循环、塑造国际竞争新优势、稳住首都经济发展"基本盘"至关重要。

第一节　全国服务业 500 强表现出较强发展韧性

世界百年未有之大变局和新冠肺炎疫情全球大流行交织影响，不确定不稳定性因素增多，2020 年服务业大企业[①]表现出了更多的分化与协同、对立与统一。

一、服务业大企业增长态势好于整体经济增长水平

总体而言，全国 500 强服务业企业 2020 年营业收入总额为 43.59 万亿元，同比增长 5.47%，既高于 2020 年全国 GDP 3%的名义增速，也高于 2020 年全国

[①]　2021 年 9 月，中国企业联合会、中国企业家协会发布了"2021 中国服务业企业 500 强榜单"，基于 2020 年企业营业收入为入围标准进行审定。这是第 17 次向社会发布这份榜单。

国有企业 2.1%、全国 500 强企业 4.43% 的营业收入增速。与宏观经济三大产业结构演化趋势一致，服务业 500 强企业营收总额已连续 6 年超过了制造业 500 强。

具体到不同企业，受新冠肺炎疫情冲击企业经营状况出现了分化趋势。一方面，榜单中接近半数服务业企业盈利水平下降或亏损，航空公司、商超百货等传统企业受疫情冲击显著，南航、东航、国航、川航和春秋国旅企业业绩腰斩，营业收入分别下降了 40.0%、44.6%、47.3%、37.8% 和 48.4%。另一方面，外卖、网课、云办公、工业互联网等很多跨越时空的新兴服务在疫情催化下得到迅速发展。例如，首次入围榜单的好活科技，以先进的数字技术搭建互联网就业服务平台，为即时配送、新零售、社区团购、在线教育等领域提供人力资源服务，2020 年营业收入比 2019 年增长 3.8 倍，净利润增长 3.4 倍，展现出了非常强的发展活力。

二、服务业大企业总部高度集中于三大城市群

全国 500 强服务业企业在空间上呈现既分散又集中的特征。除海南、西藏外，其他 29 个省份均有企业上榜，但又相对集中在长三角、珠三角和京津冀三大城市群，三大城市群上榜企业占榜单六成以上。重庆（22 家）、长沙（16 家）、武汉（12 家）、成都（9 家）等长江经济带沿线城市也呈现出良好的集聚态势。近两年榜单对比发现，北京入围企业保持稳定，山东、江苏新增入围企业数量最多，分别为 8 家和 7 家；广东入围企业减少数量最多，减少了 17 家，其他省域整体变动不大。

三、数字经济大企业助力经济结构优化和制造服务融合发展

新一代信息技术的发展和应用深刻改变着服务业的发展节奏和走向，入围全国服务业 500 强榜单的数字经济企业从最初只有新浪、搜狐等几家老牌门户网站①，到目前已经有京东、阿里巴巴、百度、腾讯、美团、软通动力等近 20 家企业入围。共享经济、智能制造、智慧化运营、数字营销、综合服务、多样化需求快速涌现，给数字化服务企业带来巨大市场空间。但总体来看，经过激烈的市场竞争，C 端服务数字化进入相对稳定平台期，B 端企业、G 端城市的数字化服务

---

① 数量多年维持在 5 家左右。

成为下一个"战场"，有力推动经济结构优化和制造业服务业融合发展。

（一）数字技术助力经济结构优化

企业数字化应用，不仅是将产业链条的各个环节搬到线上，更重要的是通过信息技术和行业技术的深入融合助力经济结构优化。过去 10 年中国消费互联网迅速发展，形成了若干在全球处在领先地位的平台公司；过去 3 年，这些巨型平台公司已经开始将更多注意力放在人工智能、云服务等提高社会生产效率的相关领域。阿里巴巴借助阿里云、百度凭借 AI、腾讯通过产业互联等拓展业务，努力实现底层技术、产业化应用和场景解决方案的全方位协同①。但对比中美两国头部数字经济企业的数据可以发现，我们还是存在巨大差距。2017～2020 年，中国 TOP5 数字平台市场价值从 11448 亿美元增加至 20031 亿美元，增长了 75%；而美国数字平台市场价值从 25252 亿美元增加至 75354 亿美元，增长了 200%，中美比重从 45.3% 下降到 26.6%，差距进一步拉大，如图 4-1 所示。

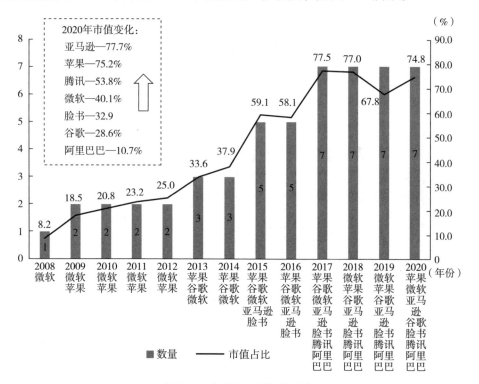

图 4-1 中美平台型经济对比

———————————

① 这些公司的研发费用都超过百亿元，阿里巴巴更是达到 572.36 亿元。

（二）数字技术推动制造服务融合发展

我国是网络大国也是制造大国，发展工业互联网具备良好的产业基础和巨大市场空间①②。那些对行业运转有着深刻理解的产业巨头抓住机会，海尔的卡奥斯平台、航天科工的航天云网、三一重工的树根互联等工业互联网平台在助力制造业转型升级、推动制造服务融合发展上走在了前列。这为信息服务企业巨头探索服务型制造等新模式带来诸多启发，通过人、机、物的全面互联，通过优秀模型和优质数据"喂养"出的人工智能学习能力，能更好地助力制造业向高端化、智能化发展，更好地服务企业生产交易全过程，更好地实现全要素、全产业链、全价值链的全面连接中将大有作为。

值得注意的是，数字经济并非野蛮生长。为更好地规范发展，国家需要配套出台一系列规则体系，划定发展底线，比如对垄断的制裁、对数据安全的保护、对平台经济的规范等，只有在这样的大前提下，市场才能更公平有序地竞争，产生更可持续的价值。

四、生产性服务大企业助力畅通经济循环

生产性服务业普遍具有知识技术含量高、规模经济明显等特征，不仅具有支撑市场流通和促进经济循环的传统功能，而且已成为全球价值链分工中创造价值的重要来源。

近年来，入围全国500强服务业企业榜单的生产性服务企业出现了一些新趋势，除了一直占据绝对优势的金融类企业③，供应链服务类企业逐渐崛起④，人力资源、广告、设计等专业服务类企业也开始崭露头角⑤。这些企业通过向上游延伸研发设计、管理咨询，向下游拓展分销、集成物流运输和资金融通服务等，

---

① 《智能制造发展指数报告》显示：2020年工业设备数字化率为50%，设备联网率仅为23%，远远低于同期消费互联网高达70%的联网率。

② 工业互联网是新一代信息技术与工业经济深度融合的全新经济生态、关键基础设施和新型应用模式，将推动形成全新的生产制造和服务体系。2019年工业互联网经济总体规模2.13万亿元，同比增长47.3%，占数字经济增加值比重5.9%，对数字经济增长贡献15.6%，占GDP比重2.2%，对经济增长贡献9.9%。

③ 2021年有109家企业上榜，营业收入占入榜企业的37%，且效益突出，商业银行收入利润率高居行业首位，证券业资产利润率居行业首位。

④ 2021年共上榜38家。2017年，国家出台《关于积极推进供应链创新与应用的指导意见》，在很大程度上推动了供应链服务的快速发展，过去5年榜单中供应链服务企业增加了12家。

⑤ 比如，榜单中出现了提供人力资源服务的中智集团和外企服务集团，提供广告营销服务的分众传媒和广东广告集团，提供建筑设计服务的华东建筑和长江设计院。

为生产制造企业提供一揽子解决方案，支撑生产活动不同流程环节有机联系、高效运行，对完善产业链上下游配套，提升产业链供应链稳定性和竞争力，畅通经济循环将起到重要支撑作用。

但同时也需要关注到，研发、管理咨询、会计、法律等在国际规则重塑中扮演重要角色、代表城市竞争力和话语权的相关领域鲜有企业上榜。一方面，这些服务业务的分离需要一个过程，市场空间的拓展并非朝夕之间；另一方面，这些服务长期由外资提供，从无到有的国内企业成长面临较大压力。

五、满足"情感健康""自我实现"的服务业发展滞后于需求

通过世界500强榜单发现，作为后工业化时代产业转型和结构调整的方向，与生命健康和生活相关的产业已经成为世界城市的重要支柱产业。比如，500强榜单中除了满足人民衣食住行等日常生活需求的百威英博、可口可乐、百事、雀巢、沃尔玛、家乐福、宝洁、联合利华、欧莱雅等公司外；也有满足精神层面需求的华特迪士尼、ViacomCBS、Netflix等休闲娱乐类公司。

摩根士丹利《消费2030："服务"至上》报告预测，到2030年中国服务消费将超过商品消费①，以"情感健康"和"自我实现"为目标的消费将日益突出。其中，对于机构专业化服务（教育、医疗、养老、保险等）、智能生活（电子化物业管理、智能家居和新能源汽车）、体验大幅升级的商品及服务（情感陪伴、医疗康复、机器人）等将会迎来坚实的增长，消费升级和服务业发展在上述领域有巨大空间（见表4-1）。而目前，我国服务业企业在满足这些需求时尚存在缺口。

表4-1 不同发展阶段的行业发展模式

类型	行业
起飞（Expanding）	物业管理、医疗服务、养老服务、健康保险、教育、旅游、免税购物及家政服务等将快速成长
转型（Evolving）	传统行业必须采取结构性改变、适应新的商业模式以迎接挑战。新的商业模式，比如：集成平台、供应链管理和销售渠道服务、C2M（Consumer TO Manufacturer，即大规模定制化服务）更广泛的 AI、AR 和 VR 应用等；新的产品供应，比如：智能家电、新能源汽车等

① 2019年我国服务消费占居民消费支出的45.9%，低于发达国家服务型消费所占比例（美国服务型消费占个人消费70%左右）。

续表

类型	行业
新兴（Emerging）	目前行业规模较小，但随着科技和服务的有机结合，未来有望大放异彩。比如，服务机器人、情感伴侣、康复医疗，以及适应 ESG（Environmental, Social, and Corporate Governance，环境、社会和公司治理）可持续发展大框架下新的消费形式和理念
成熟（Ex-growth）	这类行业可能会受到人口结构变化以及技术进步的冲击，例如，低端酒水饮料、基础必需品、传统汽车、传统家电等

六、服务业大企业引领合规竞争力提升

强化合规管理已经成为企业制定和实施全球发展战略的一个决定性因素，且合规管理涉及的内容不断拓展，已经从反腐败专项合规扩展到包括竞争规则合规（反垄断）、金融规则合规（反洗钱）、贸易规则合规（遵守出口管制以及经济制裁之规）、数据保护合规、知识产权合规等全面合规。为此，企业纷纷建立合规管理体系以应对外部监管，通过重构企业合规文化提升合规竞争力。我国企业也不例外，自中美贸易摩擦以来，美国等发达国家加强了对我国企业的合规监管，已经有 400 余家中国企业被列入美国商务部产业安全局实体清单和财政部的 SDN 名单，合规已经成为我国参与全球竞争必须跨越的门槛。我国越来越多的企业认识到合规管理的重要性，开始从被动地"要我合规"向主动地"我要合规"转变。2017 年底国家标准委发布 GB/T 35770《合规管理体系指南》（目前正在修订），2018 年国资委发布《中央企业合规管理指引（试行）》，企业特别是中央企业开始逐步建立合规管理体，88 家央企已出台重点领域专项指引，90% 央企及时按照合规要求优化制度体系。

除了遵循国际通行合规监管要求、应对国际合规监管压力，知晓和遵循中国规则、遵循国内合规监管要求也日益重要。近年来，国家积极倡导和推进企业合规管理，加大对企业合规经营的监管力度。在互联网领域，市场监管总局依法对阿里巴巴等企业作出行政处罚，要求互联网平台企业发布《依法合规经营承诺》，研究起草《互联网平台分类分级指南》《互联网平台落实主体责任指南》等；在金融领域，银保监会发布《关于开展银行业保险业"内控合规管理建设年"活动的通知》，要求银行和保险公司等金融企业开展内控合规建设，这些都充分体现了合规建设的重要性、紧迫性。

第二节 京津冀服务业 500 强发展稳中有忧，竞争力尚需强化

在中国服务业 500 强榜单中，京津冀入围企业有 90 家，略高于珠三角的 73 家，远低于长三角的 153 家。但入围企业规模大、影响力强，Top10 企业中有 8 家、Top50 企业中有 26 家位于京津冀。

一、入围企业规模大、行业集聚度高

京津冀共有 90 家企业入围榜单，占全国数量的 18%；入围企业营业总收入 20.5 万亿元，占全国总收入的 46.9%；入围企业规模体量庞大，平均营收 2272.5 亿元，是全国平均水平的 2.6 倍。入围企业高度集中于国家管控度较高的金融、电力等相关行业，这主要得益于北京作为首都的地位，是各类央企总部所在地。其中，仅金融类入围企业营收就占到京津冀入围企业总营收的近一半（43.8%）；营收规模为长三角、珠三角同类企业营收之和的近 2 倍（见图 4-2）。此外，信息服务业发展也较为迅速，2015～2020 年入围企业营业收入增长了 60%，增长幅度次于营收规模较小的房地产业和交通运输业，明显高于金融业的 29.4%（见图 4-3）。

二、入围企业高度集中于北京，城市群内存在较大落差

京津冀城市群是上榜企业最为集中的三大区域之一，但与长三角和珠三角的分布相对均衡相比（见图 4-4），京津冀地区上榜企业高度集中于北京，入围 90 家企业中有 54 家位于北京，2016～2021 年北京入围企业营收长期占据京津冀地区的 90% 以上，远远高于上海相对于长三角约 50% 的占比以及深圳相对于珠三角约 60% 的占比（见图 4-5），区域发展不均衡显著，企业竞争力提升的区域氛围不足。

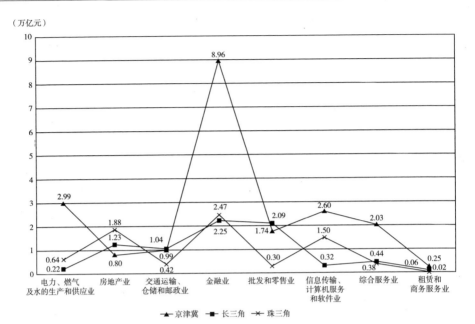

图 4-2　2020 年京津冀、长三角、珠三角服务业 500 强企业行业营收对比

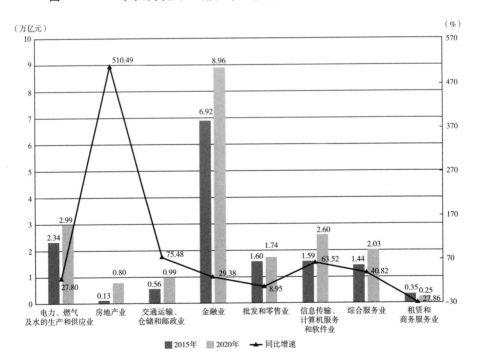

图 4-3　2015 年、2020 年京津冀服务业 500 强企业行业营收及增速

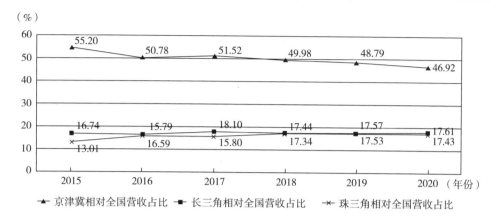

图4-4　2015~2020年京津冀、长三角、珠三角服务业500强营收相对全国的占比

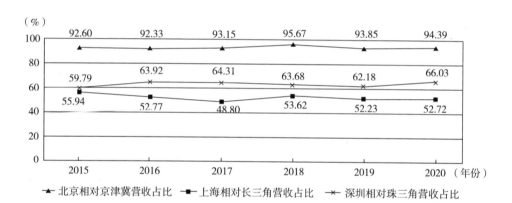

图4-5　2015~2020年北京、上海、深圳服务业500强营收相对本区域①的占比

三、入围企业中传统行业受新冠肺炎疫情冲击严重，新经济增长较好

入围企业与全国一致，疫情导致企业增长态势分化，增长稳中有忧。一方面，航空、商超百货等需要面对面提供服务的传统行业受冲击较大，首都旅游集团、中国国际航空、中国航空油料集团、广微控股，营业收入分别下降了57.2%、47.3%、45.9%、30.3%（见表4-2）。

①　京津冀区域包括北京、天津与河北；长三角包括上海、浙江、江苏与安徽；珠三角包括广州、佛山、肇庆、深圳、东莞、惠州、珠海、中山、江门。

表4-2 榜单中营业收入负增长的部分北京企业情况　单位：亿元，%

排名	企业名称	营收	同比增长	行业
3	中国工商银行股份有限公司	12612.8	−3.2	商业银行
7	中国银行股份有限公司	9228.0	−1.0	商业银行
18	中国中信集团有限公司	5153.6	−0.7	多元化金融
26	中国中化集团有限公司	4384.5	−21.0	化工医药商贸
40	国美控股集团有限公司	3104.8	−16.5	家电及电子产品零售
42	中国机械工业集团有限公司	2828.8	−5.1	综合服务业
63	中国航空油料集团有限公司	1513.2	−45.9	能源矿产商贸
76	中国国际技术智力合作集团有限公司	1185.3	−3.6	人力资源服务
111	中国国际航空股份有限公司	738.6	−47.3	航空运输
140	北京首都开发控股（集团）有限公司	524.8	−7.4	住宅地产
196	北京首都旅游集团有限责任公司	331.1	−57.2	旅游和餐饮
214	北京金融街投资（集团）有限公司	289.9	−21.6	住宅地产
316	广微控股有限公司	147.4	−30.3	汽车摩托车零售

另一方面，新经济发展态势较好，在引领转型升级、推动经济疫后恢复中发挥了重要作用。榜单中，百度、京东、软通动力、美团等互联网服务平台的快速发展，营业收入分别同比增长78.3%、37.9%、29.3%、22.6%、17.7%，疫情防控期间应对经济下行表现出了较强的发展韧性，呈现出了较好的发展态势。另外，传统行业中也有企业抓住了服务业数字化转型及融合发展机遇，为自身发展注入了新动能。例如，物美联合"多点"，在会员、商品、营销、营运、供应链等全面实现数字化，构建线上线下一体化全渠道购物平台，营收同比增长29.6%，如表4-3所示。

表4-3 2021年榜单中增长态势较好的本市企业情况（营收增长大于10%）

排名	企业名称	营收（亿元）	同比增长（%）	行业
6	中国人寿保险（集团）公司	9976.67	10.03	保险业
9	京东集团股份有限公司	7458.02	29.28	互联网服务
30	招商局集团有限公司	4159.38	22.56	多元化金融
34	中国光大集团股份有限公司	3686.60	13.64	多元化金融

续表

排名	企业名称	营收 （亿元）	同比增长 （%）	行业
44	泰康保险集团股份有限公司	2447.82	20.10	保险业
50	新华人寿保险股份有限公司	2065.38	18.32	保险业
55	龙湖集团控股有限公司	1845.47	22.20	住宅地产
58	华夏银行股份有限公司	1642.30	10.51	商业银行
79	美团公司	1147.95	17.70	互联网服务
83	百度网络技术有限公司	1077.04	37.92	互联网服务
134	物美科技集团有限公司	556.78	29.55	连锁超市及百货
138	中华联合保险集团股份有限公司	539.65	10.42	保险业
139	北京首都创业集团有限公司	527.01	11.05	水务
161	中铁集装箱运输有限责任公司	439.46	20.65	铁路运输
203	北京学而思教育科技有限公司	314.71	78.28	教育服务
230	北京中能昊龙投资控股集团有限公司	263.99	228.84	商业地产
342	软通动力信息技术（集团）股份有限公司	129.99	22.60	科技推广和应用服务业

受平台企业整改、"双减"政策冲击等因素影响，继续保持住新经济对北京市经济增长持续稳定贡献面临很大压力，要时刻关注新经济的发展趋势和国内政策的调控导向，坚持发展和规范并重，优化新经济的要素组合、提高要素配置效率、推动新经济在稳定经济增长、构建现代化经济体系中发挥更大作用，增强发展韧性、激发发展活力、转化发展动能。

四、入围企业民企营收占比有所提升，但业态仍然不够丰富

通过对 2016~2021 年我国服务业 500 强榜单变化情况可见，得益于信息服务类民企的快速发展，京津冀入围民企数量稳定在 37 家，实现总营收由 1.31 万亿元提升到 2.77 万亿元，营收占比由 8.4% 提升到 13.6%（见图 4-6），在榜单中的地位得以提升。但与长三角、珠三角等城市对比而言，仍然存在业态不够丰富等问题。长三角入围企业有七成以上是民营企业（112 家），营收占比为 56.01%；珠三角入围企业有近六成是民营企业（42 家），营收占比为 48.20%（见表 4-4）。京津冀民企高度集中于信息、批发和零售业、房地产、金融四大行业，综合服务业、文化、体育和娱乐业、物流等行业民营企业发育不足（见表 4-5）。

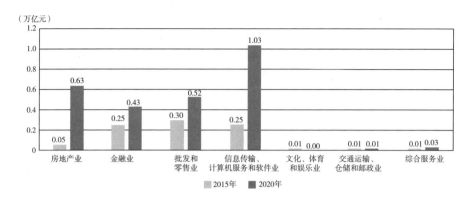

（万亿元）

图 4-6　2015 年、2020 年京津冀服务业 500 强民营企业行业营收对比

表 4-4　2020 年京津冀、长三角、珠三角服务业 500 强民营企业情况

	京津冀	长三角	珠三角
民营企业数量（家）	37	112	42
入围企业总数（家）	90	153	73
民营企业营收（万亿元）	2.77	4.29	3.67
入围企业总营收（万亿元）	20.45	7.66	7.62
民营企业营收占比（%）	13.55	56.01	48.20

表 4-5　2020 年京津冀、长三角、珠三角服务业 500 强民营企业各行业情况

行业产值（万亿元）	京津冀	长三角	珠三角
信息传输、计算机服务和软件业	1.03	0.31	1.48
批发和零售业	0.52	1.78	0.27
房地产业	0.63	0.77	1.13
金融业	0.43	0.86	0.24
教育	0.03	0.00	0.00
综合服务业	0.03	0.20	0.31
租赁和商务服务业	0.00	0.47	0.02
交通运输、仓储和邮政业	0.01	0.00	0.21

五、入围企业大而不强，参与国际治理话语权偏弱

我国服务业长期发展落后，服务能力不足，服务业企业的对外竞争力和国际

化水平亟待加强。我国货物进出口总额稳居全球货物贸易第一位，贸易总量占全世界的25%左右，但服务贸易逆差严重；2019年，服务贸易逆差的绝对值为1.5万亿元，占整个货物贸易顺差的比重达51.49%。具体到入榜企业，今年我国服务业企业500强中有176家企业拥有海外收入、165家企业布局了海外资产，但业务范围、服务能力等都亟须加强。

虽然相对全国平均水平而言，京津冀入围企业规模大、影响力强，但由于缺乏过硬的品牌、创新的产品，对标全球一流水平北京服务业企业仍然面临竞争力不强等诸多困境。例如，即使是在北京的数字经济优势行业，百度、美团等企业与全球顶尖企业仍然存在不小差距，谷歌和苹果所控制的移动操作系统安卓和iOS的市场占比分别高达81.5%和18.4%，几乎控制了整个智能手机的操作系统市场；在巨头争夺的云端赛道，亚马逊、微软、谷歌拿下全球63%以上市场份额。我们在技术、专利、品牌等领域的差距导致服务贸易领域持续逆差，2019年北京服务贸易进出口总额近1.1万亿元，贸易逆差0.3万亿元；在服务贸易出口中，知识产权使用费，保险服务出口，个人、文化和娱乐服务出口占比仅分别为0.7%、6.1%、1.0%，逆差分别为41.3亿美元、36.9亿美元、14.2亿美元，与国际顶尖城市差距明显。

执笔人：刘作丽 刘紫星 王术华

参考文献

［1］高蕊．大变局中的服务业——评 2021 中国服务业企业 500 强［J］．企业管理，2021（10）：18-21.

［2］高蕊．服务业：中国经济升腾的力量［J］．企业管理，2020（10）：12-14.

［3］摩根士丹利（Morgan Stanley）．十年翻一番? 中国消费将出现翻天覆地的巨变［EB/OL］．［2021-02-08］．https：//www. yicai. com/news/100943693. html.

［4］王志乐．中国大公司数量继续领先，竞争力却面临严峻挑战［EB/OL］．［2021-09-1］．https：//www. fortunechina. com/magazine/c/2021-09-01/content_ 395112. htm.

第五章 税收视角下的城市群
服务业发展比较

    税收作为国家实施宏观经济调控的重要工具，对于加快产业结构调整、促进服务业高质量发展具有不可替代的作用。从三次产业来看，我国税收收入主要来源于第三产业，2019年占比为57.0%。从全国范围来看，京津冀、长三角和粤港澳大湾区三大城市群服务业税收总量突出，合计占全国服务业税收比重为51.8%。但2014年以来，京津冀城市群在全国服务业税收的相对地位下降趋势明显，从2014年的19.0%下降到2019年的16.9%。从服务业税收行业结构来看，京津冀城市群虚拟经济行业强、实体经济行业弱，2019年金融业、房地产业合计占服务业整体税收的52.3%，比长三角和珠三角分别高6.7个百分点和5.9个百分点。现行税收政策有效促进了城市群服务业健康发展，但在鼓励服务创新、助力产业融合、促进区域协同等方面依然存在不足，一是当前税收优惠政策仍以直接优惠为主，占比高达72.6%，效果不理想且影响增值税抵扣链条的完整性；二是税基式研发费用加计扣除政策及加计扣除资质过于严格等对鼓励加大科技创新的力度不足；三是促进产业融合发展的制造业与服务业税收政策融通连接不足；四是促进服务业区域协同发展的税收政策落地实施不理想。由此，加快完善优结构、助融合、释活力、促协同的税收政策体系，促进京津冀城市群服务业高质量协同发展，对加快推动京津冀建成世界级城市群具有重要意义。一要实施更具针对性的服务业转型升级税收政策，不断优化京津冀城市群服务业行业结构，针对资本密集型、技术密集型和劳动密集型服务业分别实施更具针对性的税收政策；二要制定促进产业融合的税收优惠目录，完善增值税扣除政策，更加助力技术先进型服务业与高端制造业深度融合；三要优化完善自贸区企业所得税、个人所得税及研发费用加计扣除等税收政策，充分释放北京、天津、河北自贸区服务业发展活力；四要健全京津冀产业转移税收分享制度，完善区域间政府税收协调机制，深入推动京津冀城市群服务业协同发展。

第一节　三大城市群服务业税收现状与特点

从三次产业来看，我国税收收入主要来源于第二产业和第三产业，2012年后，第三产业税收贡献超过第二产业，并不断增加，2019年达57.0%。从全国范围来看，京津冀、长三角、粤港澳大湾区同为我国经济发展的重要"引擎"，对全国经济发展具有较强的辐射带动作用，对国家财力也具有举足轻重的影响。

一、三大城市群服务业税收总量突出，京津冀内部不均衡性较为显著

随着经济发展水平越来越高，城市群及其核心城市作用越来越大，逐渐成为带动服务业发展的重要载体，对国家税收贡献也不断增加。2019年，京津冀、长三角和珠三角[①]服务业税收收入[②]占全国服务业税收收入的比重分别为16.9%、26.6%和8.3%，三大城市群服务业合计完成税收收入50772亿元，占全国服务业税收收入比重超过五成。从税收产业结构来看，三大城市群第三产业税收贡献均高于第二产业，但京津冀服务业税收贡献相对更高，2019年服务业税收占全部税收比重为70.3%，高于全国13.4个百分点，而长三角、珠三角服务业税收占全部税收比重则与全国基本一致。

"十二五"时期，京津冀服务业税收年均增速为15.7%，比全国服务业税收收入年均增速高0.5个百分点，比长三角高2.6个百分点。"十二五"时期，京津冀对全国服务业税收增长贡献率达19.3%，低于长三角的24.1%，远高于珠三角。"十三五"前四年，京津冀服务业税收年均增速仅为4.2%，不仅比珠三角低6.3个百分点，比长三角低3.0个百分点，而且比全国服务业税收收入年均增速低2.9个百分点。"十三五"前四年，京津冀对全国服务业税收增长贡献率仅为10.6%，低于珠三角的11.3%和长三角的26.8%（见表5-1）。可见在南方城

---

　① 受数据来源所限，京津冀使用北京、天津、河北三省份数据，长三角使用上海、浙江、江苏、安徽四省份数据，珠三角使用广东省数据。

　② 属地税收收入口径，包括上缴中央收入与留存地方收入。

市群服务业迅速崛起的背景下，京津冀城市群服务业贡献已呈下降趋势，若不加速发展，差距会越来越大。

表 5-1　四大城市群服务业税收比较　　　　　　　　单位：%

	2019 年服务业税收		"十二五"		"十三五"前四年	
	占区域全部税收比重	占全国服务业税收比重	年均增速	a	年均增速	a
全国	56.9	—	15.2	—	7.1	—
京津冀	70.3	16.9	15.7	19.3	4.2	10.6
长三角	56.8	26.6	13.1	24.1	7.2	26.8
珠三角	52.4	8.3	-0.7	-0.6	10.5	11.3

注：a 表示对全国服务业税收增长贡献率。

从城市群区域内部横向比较来看，京津冀三省份服务业税收收入不均衡性较为显著。从总量来看，2019 年北京、天津和河北服务业税收收入分别占京津冀服务业税收总量的 71.9%、12.6% 和 15.5%，北京服务业税收规模是天津的 5.7倍、河北的 4.6 倍。从人均来看，2019 年北京、天津和河北人均服务业税收分别为 55173 元、13353 元和 3378 元，河北人均服务业税收仅约为北京的 1/16、天津的 1/4。从每百亿元服务业增加值的税收贡献来看，2019 年北京、天津和河北分别为 32.9 亿元、14.8 亿元和 7.1 亿元，北京市每百亿元服务业增加值税收贡献最高，是天津的 2.2 倍，是河北的 4.6 倍。如表 5-2 所示。

表 5-2　2019 年三大城市群内部服务业税收比较

		服务业税收收入（亿元）	占城市群服务业税收比重（%）	人均服务业税收（元）	每百亿元服务业增加值税收贡献（亿元）
京津冀	北京	11884	71.9	55173	32.9
	天津	2086	12.6	13353	14.8
	河北	2565	15.5	3378	7.1
长三角	上海	10512	40.3	43296	27.2
	江苏	7745	29.7	9597	7.5
	浙江	5379	20.6	9194	8.3
	安徽	2454	9.4	3854	6.3
珠三角	广东	8147	100.0	7072	7.4

二、三大城市群服务业税收行业结构存在一定差异，京津冀服务业行业结构需加快优化调整

以辛格曼"四分法"为基础①，结合我国服务业内部行业结构划分，将服务业划分为生产性服务业、消费性服务业和公共性服务业。生产性服务业主要包括交通运输、仓储和邮政业，信息传输、软件和信息技术服务业，金融业，房地产业，租赁和商务服务业，科学研究和技术服务业等。消费性服务业主要包括批发和零售业，住宿和餐饮业，居民服务、修理和其他服务业，文化、体育和娱乐业等。公共性服务业主要包括教育，卫生和社会工作，公共管理、社会保障和社会组织等。

（一）三大城市群生产性服务业税收均居于服务业内部主导地位，但增加值占比与美国相同发展阶段水平仍有一定差距

从各类服务业税收占地区全部税收比重可以看出，三大城市群生产性服务业一直是各地区的主要纳税行业。近年来，三大城市群生产性服务业税收占地区总税收比重都呈上升趋势（见图5-1），2019年，京津冀、长三角和珠三角生产性服务业税收占比分别为52.8%、38.6%和32.7%，京津冀远高于全国的37.3%，长三角和珠三角与全国水平基本一致。消费性服务业税收占比则呈小幅下降趋势，2019年京津冀、长三角和珠三角消费性服务业税收占比分别为14.5%、15.4%和11.3%，都与全国水平14.9%相差不大。公共性服务业税收占比2015年后基本保持平稳，2019年，三大城市群公共性服务业税收占比分别为3.1%、2.7%和8.4%。

尽管三大城市群生产性服务业税收在服务业内部居于主导地位，并且从增加值角度来看，比较三大城市群与美国在相同发展阶段时部分生产性服务业增加值②占GDP比重与第二产业增加值占GDP比重之间的关系可以看出，三大城市群生产性服务业发展趋势基本符合发达国家在工业化中后期生产性服务业增加值占比总体保持平稳的规律，如图5-2所示。

---

① 辛格曼从服务的性质和功能出发，将服务业划分为流通性服务业、生产性服务业、个人服务业和社会服务业四类。

② 限于数据的可获取性，此处部分生产性服务业增加值仅包含交通运输、仓储和邮政业，房地产业，与美国对比也才用了相同口径。

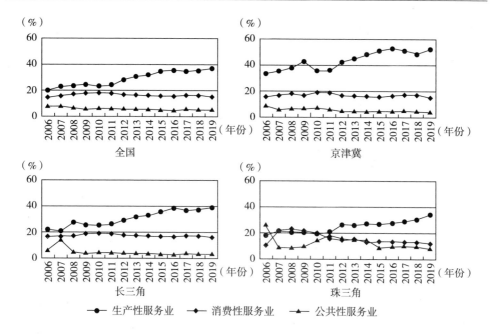

图 5-1　全国和三大城市群各类服务业税收占比

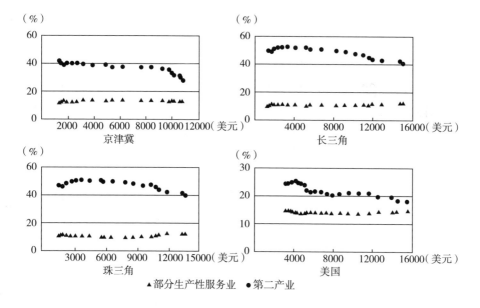

图 5-2　相同发展阶段（人均 GDP）下三大城市群与美国对比

与美国等发达国家的相同发展阶段相比，三大城市群生产性服务业发展水平仍有一定差距。在人均 GDP 处于 3000~15000 美元时，京津冀部分生产性服务业增加值占 GDP 比重比美国低 1 个~2 个百分点，长三角、珠三角部分生产性服务业增加值占 GDP 比重比美国低 3 个~4 个百分点，如图 5-3 所示。

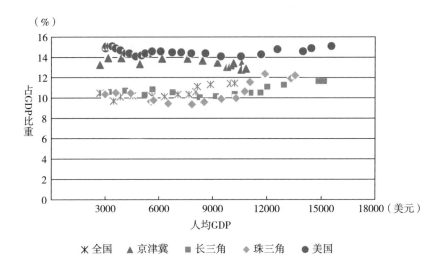

图 5-3 全国三大城市群部分生产性服务业与美国对比

（二）京津冀三省份服务业税源结构差异较大，需加快行业结构优化调整步伐

从京津冀三省份自身行业税收结构来看，北京的生产性服务业优势明显，2019 年税收占比超过 67%，消费性服务业税收占比为 17.1%，公共性服务业税收占比为 2.1%。天津、河北的生产性服务业税收占比分别为 32.7%、31.2%，均不到北京的一半，消费性服务业税收占比分别为 11.3%、10.3%，是北京的六成左右，如图 5-4 所示。

可以看出，尽管北京生产性服务业优势明显，但与其相关的第二产业发展相对滞后。而天津、河北尽管第二产业优势明显，但作为主体产业占比过高（均超过 50%），且与其配套的生产性服务业发展滞后。总体而言，从长远来看，京津冀三省份自身的服务业行业结构可持续性较差，尤其是天津、河北生产性服务业发展与制造业相比严重滞后，更需加快自身行业结构的优化调整步伐。

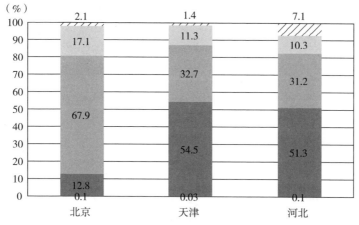

图 5-4　2019 年京津冀三省份不同行业税收占比

三、三大城市群信息服务业与科技服务业税收占全国比重较高,京津冀内部科技服务发展水平差距较大

信息服务业与科技服务业是围绕科技创新开展的服务支撑性行业,在推动经济产业结构升级上发挥着越来越重要的作用。从全国范围来看,2019 年三大城市群信息传输、软件和信息技术服务业税收收入为 2435.9 亿元,占全国该行业税收的 66.1%,科学研究和技术服务业税收收入为 1924.3 亿元,占全国该行业税收的 66.6%(见图 5-5),反映出三大城市群与其他地区相比服务科技创新的实力较高。

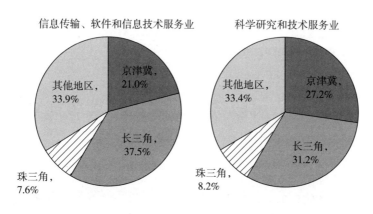

图 5-5　2019 年三大城市群信息服务业和科技服务业税收情况

从京津冀三省份横向比较来看，2019 年，北京信息传输、软件和信息技术服务业与科学研究和技术服务业税收收入共达 1297.4 亿元，占京津冀区域整体相关行业税收的 83.3%，是天津、河北总和的 5 倍。从长三角四省份横向比较来看，2019 年，上海信息传输、软件和信息技术服务业与科学研究和技术服务业税收收入共达 1024.3 亿元，占长三角区域整体相关行业税收的 44.8%，与浙江、江苏、安徽总和大致相当（见图 5-6）。可见京津冀区域内的科技创新发展水平差距更大。北京在科技创新产业的领先优势主要源于科技创新资源的集聚效应以及中关村国家自主创新示范区的税收政策效应，这也与北京国际科技创新中心的定位相符。但从区域协同来看，北京科技创新优势对天津、河北的辐射带动作用并不显著，2020 年，北京市技术合同成交额为 6316.2 亿元，其中，输出外省市技术合同成交额为 3718.5 亿元，占比为 58.9%，而输出津冀技术合同成交额仅为 347.0 亿元，仅占输出外省市的 9.3%。

（亿元）

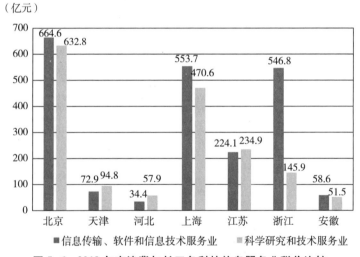

图 5-6　2019 年京津冀与长三角科技信息服务业税收比较

第二节　税收政策促进京津冀服务业发展存在的主要问题

京津冀城市群服务业发展取得的明显成效，离不开各类宏观调控政策工具箱的有力推动，税收政策工具箱更是具有不可替代的作用。我国现行税制包括 18

个税种，与服务业相关的税收主要体现在增值税、企业所得税和个人所得税，2019年分别占全国服务业税收的31.8%、26.2%和8.3%。对国家税务总局网站"税收政策库"中相关税收文件进行梳理后发现，42个与服务业发展相关文件中的税收激励政策也主要体现在以上三个税种内。"营改增"及增值税改革政策减少了企业重复征税，推动了产业融合发展；所得税减免及扣除政策优化了行业结构，促进了企业创新；税收协同政策实现了地区间税收征管一体化和办税便利化，推动了产业转移。但现行服务业税收政策在鼓励服务创新、助力产业融合、促进区域协同等方面依然存在不足。

一、直接税收优惠政策效果不理想且影响增值税抵扣链条的完整性

梳理了42个服务业发展相关税收政策文件中的62条税收激励政策发现，目前对服务业企业的税收激励方式以直接优惠为主，局限于税率优惠和定期定额减免等事后利益让渡，占比高达72.6%（见表5-3）。直接优惠具有操作简单、激励性强的特点，但其发挥作用的空间有限，只有获得收益的企业才能享受到直接的减免税收优惠，而受困于成本高、投资大的现代服务企业难以享受直接优惠的好处。而且享受减免税政策的纳税人销售相应货物或提供服务时无法开具增值税专用发票，客观造成增值税抵扣链条的断裂，加重了减免税企业下游的税收负担。而加速折旧、加大费用列支等减少税基的事前利益让渡及即征即退、先征后退等间接优惠政策，尽管操作相对复杂，但不影响增值税抵扣链条的完整性，且在激励企业调整生产、经营活动以符合政府意图和政策目标上具有更为显著优势。

表5-3 服务业相关税收政策梳理 单位：条,%

优惠方式		数量	占比
直接优惠	免征	24	38.7
	减征	10	16.1
	简易计税	11	17.8
间接优惠	加计抵减	1	1.6
	税前扣除	10	16.1
	即征即退	3	4.9
	先征后退	1	1.6
	延期纳税	2	3.2
合计		62	100.0

二、鼓励科技服务创新的税收激励力度不足

第一，税基式研发费用加计扣除政策对部分企业优惠效果较弱。现行研发费用加计扣除政策的税收优惠额度受企业所得税影响较高，而目前对企业所得税的优惠已较多。如对经认定的技术先进型服务企业（服务贸易类），减按 15% 的税率征收企业所得税；对小型微利企业不仅减按 20% 的税率征收企业所得税，还对应纳税所得额实施了减免，对小型微利企业年应纳税所得额不超过 100 万元的部分减按 12.5% 计入应纳税所得额，超过 100 万元但不超过 300 万元的部分减按 50% 计入应纳税所得额。享受过上述优惠的企业进行研发创新时，再从研发费用加计扣除中获得的优惠就很少，优惠政策的激励效果会大打折扣。

第二，研发费用加计扣除的后置审核政策，减轻了企业前置备案手续，但不利于企业研发项目优惠申请。企业研发项目是否属于研发，是其能否享受研发税收优惠的第一道门槛，目前采取的"自行判别、申报享受、相关资料留存备查"方式，让部分企业尤其是服务业企业，对研发项目把握不清或者没有能力判断清楚，而一旦判断失误后税务风险较高。因此，部分企业出于谨慎性考虑，往往主动放弃申请优惠或者减少申请的研发项目。此外，研发费用加计扣除的政策对规定项目的资质要求过于严格、审核周期过长，也导致许多具有创新研发能力的企业虽然进行创新活动，但因为无法达到认定标准难以享受切实优惠政策。

第三，现行税收政策对创投企业投资服务业方面的优惠力度较小。目前，符合条件的创业投资基金及天使投资人对初创科技型企业投资满 24 个月，可按照对初创科技型企业投资额的 70% 抵扣应纳税所得额，但对于投资于制造服务、信息服务、科技服务等其他非科技型企业却缺乏类似的税收优惠。

三、促进产业融合发展的制造业与服务业税收政策融通连接不足

制造业和服务业融合发展是产业发展的必然趋势，但现行普惠的税收激励政策针对制造业较多，服务业受益不明显。针对高技术企业的所得税优惠政策偏向于工业企业，对技术先进型服务企业的认定需同时符合多方面的条件，标准偏高，导致不少服务企业难以享受优惠政策。科技研发型服务企业的加计扣除资质过于严格也导致许多具有创新研发能力的科技服务企业虽然进行创新活动，但因为无法达到认定标准难以享受切实优惠政策。"营改增"后会计、法律、研发设计、信息服务等智力密集型服务企业与制造业企业相比税负降低并不明显。服务

业与制造业之间的税收政策差异不仅抑制了服务企业的发展动力，还抑制了制造企业剥离服务流程、成立专业性服务企业的转型升级动力。

四、在优化区域行业布局上缺乏更为有效的税收政策

第一，现行税收政策对行业结构升级针对性不强。京津冀服务业协同发展客观上要求其行业发展层次和阶段要实现良好互补，税收政策应充分发挥其对区域行业发展的调节作用。然而，现有的税收政策对各地的产业发展导向依然不够明确，京津冀在各自发展中，行业缺乏互补，区域产业合作较少，难以形成发展合力。如三地在"十四五"规划中都明确提出"生产性服务业向专业化和价值链高端延伸、生活性服务业向高品质和多样化升级"，北京和天津都提出"生活性服务业标准化、品牌化发展"，北京和河北都提出"大力发展数字经济"，天津和河北都提出"现代服务业同先进制造业、现代农业深度融合发展"等。从三地产业定位结合税收政策来看，促进地区间产业转移的税收政策收效甚微，无论在力度上还是在广度上对区域内部产业协同发展导向都明显不足，造成区域内部产业同质化无序竞争，如三地的大部分国家级开发区都提出重点发展电子信息、生物医药等产业，但在产业链上却彼此关联较弱，没有形成有层次的产业集聚。

第二，地区间依然存在税收政策差异，影响三地间产业协同发展。在现有格局下，北京、天津、河北除享受全国性普适的税收优惠政策外，都还有自己的特殊税收优惠区域，如北京有中关村国家自主创新示范区，天津有滨海新区，河北有石家庄经济技术开发区、秦皇岛经济技术开发区、曹妃甸经济技术开发区等，此外三地都开设了自贸区。但河北税收优惠区域无论是优惠力度还是优惠广度上都明显不如北京、天津同类型区域。税收优惠待遇的不统一，无法真正推动三地间产业的有序转移和优势互补。此外，三地间还存在税收政策的口径和执行差异，也影响产业的调整转移。如目前在企业所得税核定征收中关于应税所得率的确定上，三地间存在一定执行差异。根据国家税务总局关于印发《企业所得税核定征收办法（试行）》的通知，应根据纳税人的生产经营行业特点，由税务机关根据其主营项目确定适用的应税所得率。现行京津冀三地的企业所得税应税所得率如表5-4所示，天津各行业目前均按照国家相关规定的下限执行，北京除交通运输业外的大部分行业均高于天津的应税所得率，河北则由各县（市、区）税务机关结合当地实际在规定的幅度范围内自行确定。随着京津冀协同发展的深入推进，在京津冀区域内相同的经济行为却产生不同的纳税义务负担，明显会影响产业的调整转移。

表5-4　京津冀三地企业所得税应税所得率

行业	北京	天津	河北	
农、林、牧、渔业	4%	3%	3%～10%	由各县（市、区）税务机关结合当地实际确定
制造业	7%	5%	5%～15%	
批发和零售贸易业	7%	4%	4%～15%	
交通运输业	7%	7%	7%～15%	
建筑业	10%	8%	8%～20%	
饮食业	10%	8%	8%～25%	
娱乐业	20%	15%	15%～30%	
其他行业	10%	10%	10%～30%	

第三，促进服务业区域协同发展的税收政策落地实施不理想。京津冀产业转移中的税收分享机制不健全，仍需进一步优化。目前国家已经出台《京津冀协同发展产业转移对接企业税收收入分享办法》，对分享税种、企业范围、分享方式等方面进行了规定。但由于未根据行业和企业特点确定分享比例、纳入分享的企业范围较窄、迁移企业的判定条件细则尚不明确等问题，致使政策在实际运用中存在一定困难，真正能够享受到此政策的企业较少。同时京津冀三地间税收征管协同程度依然不够高，尚未形成统一的税收征管执法标准，税收数据信息互动受到一定程度限制，不利于京津冀产业协同发展。

第三节　促进京津冀服务业高质量发展的税收政策建议

当前京津冀协同发展正处于滚石上山、爬坡过坎、攻坚克难的关键时期。以服务业作为重要切入点，加快完善优结构、助融合、释活力、促协同的税收政策体系，促进京津冀城市群服务业高质量协同发展，对加快推动京津冀建成世界级城市群具有重要意义。

一、实施更具针对性的服务业转型升级税收政策，不断优化京津冀城市群服务业行业结构

服务业涉及面广，要针对不同类型的服务业，分门别类地制定鼓励投资和拓展业务的税收政策。可按行业特点将服务业划分为资本密集型、技术密集型和劳动密集型，针对不同类型服务业，实施具有针对性的税收政策。正确认识不同税收优惠政策的作用目标，结合减税、免税、优惠税率等直接优惠简便易行、见效快和税前扣除、加速折旧等间接优惠弹性高、注重长期效果的特点，针对企业不同生命周期阶段所面临的不同问题制定精准性的税收优惠政策，如图5-7所示。

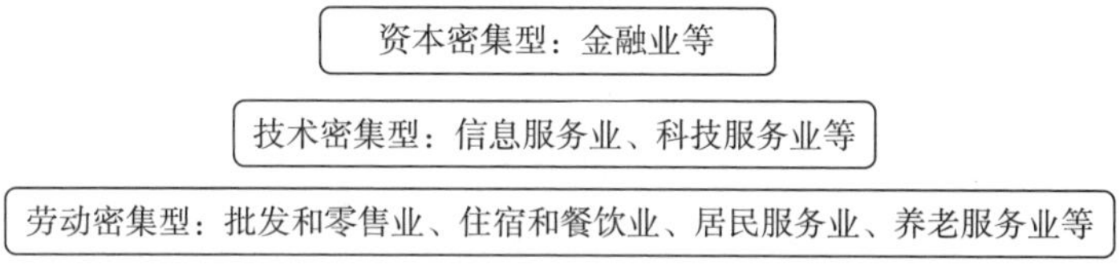

资本密集型：金融业等

技术密集型：信息服务业、科技服务业等

劳动密集型：批发和零售业、住宿和餐饮业、居民服务业、养老服务业等

图5-7 服务业按行业特点分类

第一，以促创新、强服务为出发点，完善技术密集型服务业税收政策。信息服务业、科技服务业等属于技术密集型服务业，应多从鼓励技术研发角度完善税收政策，促使其加强创新。在现有研发费用加计扣除"负面清单"的基础上，针对信息服务业、科技服务业等设置加强优惠的"正面清单"，给予更高的加计扣除比例，可考虑将制造业研发费用加计扣除100%政策向高技术服务业延伸。探索研发费用税收抵免的优惠方式，借鉴美国、澳大利亚等国家经验，从应纳税额中直接减免一定比例的研发费用，更有助于激励企业的研发活动。设置针对研发项目的前置审核环节，借鉴法国、新加坡等国家经验，由企业选择在享受研发创新税收优惠前是否需要向税务部门进行相关研发项目的审核，减少因企业自身判断失误后造成的税务风险。在继续加大研发费用优惠力度时，建议对研发投入增量给予更大优惠。

第二，以降成本、稳就业为出发点，完善劳动密集型服务业税收政策。商贸服务、中介服务、居民服务等生活性服务业服务对象庞大、服务频次高密，具有劳动密集型特点，是吸纳就业的主力军，面临用工成本上升、传统优势减弱、新冠肺炎疫情之下生存和发展压力剧增等突出问题。适当扩大促进就业的相关税收政策享受范围，如从目前限于企业招用建档立卡贫困人口、持《就业创业证》或《就业失业登记证》的人员等重点群体享受的税收优惠①，扩大至企业招用下岗失业再就业人员、返乡农民工、生活困难人员等。适当延长社保费减免政策期限，受新冠肺炎疫情影响，我国已经对中小微企业实行了阶段性减免社保费，建议针对劳动密集型企业继续实施这一政策，以降低企业成本、减轻企业负担。延长企业发生亏损的结转年限，在当前允许一般企业亏损结转 5 年的基础上，建议对于吸纳就业达到一定规模以上的劳动密集型企业的亏损结转年限适当延长至 8 年。

第三，以降风险、提高竞争力为出发点，完善资本密集型服务业税收政策。金融业是重要支柱产业，是提升城市和城市群综合能级的基础。银行、保险等行业在投资与收益之间存在很大不确定性，应多从降低经营风险、增强国际竞争力角度来完善税收政策，促使其稳健运行。对保业业，扩大保费收入免征增值税和企业所得税的范围，将干旱、洪涝、虫鼠灾害等对农业造成损失较大的涉农保险，及盈利较低、趋于社会公益性的保险品种等纳入其中；针对特大灾害险，加大对其提取准备金的企业所得税税前扣除比例，以提高其应对突发灾害的偿付能力。对银行业，持续实施普惠金融有关税收政策，对金融机构向农户、小型企业、微型企业及个体工商户发放小额贷款取得的利息收入免征增值税，签订的借款合同免征印花税。在允许企业亏损向后结转的基础上，还准许银行、保险等企业实行亏损前后结转，在其出现年度亏损时，可先考虑向前结转 1~2 年，若仍不能弥补亏损，可再考虑向后结转。

第四，统筹做好税收优惠政策的动态调整。加强各类税收优惠政策的事前测算，密切跟踪税收优惠政策的事中落实情况，重点关注税收政策的事后实施效果。充分运用信息化手段，建立信息共享、分工协作的税收政策事后评估机制，多层次、多维度确保税收政策精准实施，并依据评估结果动态调整税收优惠政策，确保各类税收政策的实施能够不断为企业发展添力。

二、推动制造业和服务业税收政策融通连接，更加助力技术先进型服务业与高端制造业深度融合

第一，制定促进产业融合的税收优惠目录。根据企业经营范围认定其是否属

---

① 享受每人连续三年 6000 元额度，依次扣减增值税、城市维护建设税、教育费附加、地方教育附加和企业所得税优惠。

于融合企业，根据产品用途认定其是否属于融合产品，在此基础上制定产业融合税收优惠目录。对经营范围符合融合标准的企业和生产融合产品、实施融合项目的企业以"即征即退""先征后退""提取研发准备金""延期纳税"等多种方式给予相应增值税、企业所得税优惠。

第二，对制造业服务化程度较高的企业给予相应税收优惠，促进制造企业服务化、智能化、绿色化转型。对享受高新技术企业待遇的制造业企业，对其服务化转型过程中剥离出的生产性服务企业，仍然享受高新技术企业待遇，并落实扩大企业增值税抵扣范围、高新技术企业所得税等税收优惠政策。将利用新一代信息技术相关支出等同研发费用支出，纳入税前加计扣除范围，鼓励制造业企业利用新一代信息技术实现制造业服务化转型，通过技术升级加大产业链前端研发设计、后端市场开拓与品牌管理的应用，助推制造企业产业链向服务业拓展。

第三，完善增值税扣除政策，鼓励技术先进型服务企业创新发展。目前增值税允许抵扣的进项税额中不包括直接人工费用，而对于从事研发、创新的技术先进型服务企业来说，研发支出主要体现在技术工人的工资成本。建议在现行增值税抵扣政策基础上，进一步提高技术先进型服务企业进项抵扣比例，并允许企业税前按照营业收入的一定比例提取研发准备金，以弥补企业研发人工成本不能抵扣的不足，促进企业创新，更好地服务生产环节的高端制造企业。

三、优化自贸区税收政策，充分释放北京、天津、河北自贸区服务业发展活力

第一，在自贸区内适当降低实际税率，激发企业加大投资的动力。参考海南自贸港经验，设置鼓励类行业目录，将北京自贸区科技创新片区的高端科技服务，国际商务片区的数字贸易、高端专业服务、国际金融等纳入鼓励范围。对已注册在自贸区内并实质性运营的鼓励类行业企业，减按15%的税率征收企业所得税。对在自贸区内新创的鼓励类行业企业实行"三免三减半"[①] 甚至更长减免期的税收优惠。对在自贸区鼓励类行业企业新增境外直接投资取得的所得，免征企业所得税。

第二，健全高端人才税收优惠政策，促进自贸区集聚更多优秀人才。参考粤港澳大湾区经验，制定自贸区内高端人才认定办法，将自贸区内紧缺的信用评

---

① 针对符合条件的企业，在企业经营的1~3年免征企业所得税，在4~6年减半征收企业所得税。

级、国际商务谈判、国际商事仲裁、保险精算等高端人才纳入优惠政策享受范围，确保优惠政策与自贸区建设发展实际需求相吻合，充分发挥税收对激发创新创造活力的积极作用。综合运用降低适用税率、增设免税或单项抵扣项目、提高扣除或单项抵扣限额标准、财政补贴、股权激励收入延期纳税等方式，将自贸区高端人才个人所得税实际税负降至 15% 左右。

第三，完善激励创新的税收政策和服务，促进自贸区企业加大研发力度、提高技术含量。鼓励自贸区内科研机构和服务型企业加大研发力度，对相关研发支出费用，比照制造业企业提高加计扣除比例至 100%，同时允许企业自主选择是否按半年享受加计扣除优惠，让企业尽早受惠。对从科研机构引进的或服务型企业自行研发的知识产权，只要能落地转化为生产力，在转让环节予以免征相关企业所得税和增值税。在当前一般企业职工教育经费税前扣除不超过工资薪金总额 8% 的基础上，允许自贸区内科研机构和服务型企业发生的职工教育经费按实际发生额在计算应纳税所得额时 100% 扣除。

四、健全产业转移税收分享机制，深入推动京津冀城市群服务业协同发展

第一，完善京津冀产业转移税收分享制度，促进产业转移税收政策不断落实落细。积极对接京津冀协同发展领导小组、财政部、国税总局等相关部门，与天津、河北通力合作，创新完善产业转移税收政策体系，简化迁移手续，细化税收分享政策。优先围绕"2+4+N"产业合作格局，在北京大兴机场临空经济区、天津滨海新区、曹妃甸协同发展示范区等企业转移较为密集的共建园区积极探索更为细化便捷的税收分享政策，推动现有税收分享制度落地。

第二，完善区域间政府税收协调机制。积极构建"政府主导、税务机关协调、相关部门配合"的京津冀税收协调机制，明确各地政府在涉税信息共享、提供执法协助等方面的工作职责。不断完善京津冀办税事项"最多跑一次"清单，进一步整合三地税收信息资源，定期交换税收、区域经济、重大产业等数据信息，实现信息及时有效共享，促进区域内税收资源与数据的综合开发与科学利用。构建区域涉税利益争端解决机制，对税款征收、税收政策落实等方面出现的矛盾和问题进行协调处理。

执笔人：王术华

参考文献

[1] 安体富，刘翔．促进现代服务业发展的税收政策研究：国际比较与借鉴 [J]．学习与实践，2011（02）：5-11.

[2] 白彦锋．促进京津冀地区协同发展的财税政策分析 [C]．京津冀协同发展的展望与思考——2014 年京津冀协同发展研讨会论文集，2014.

[3] 蔡志刚，周颖．促进区域经济发展的财税政策国际比较与借鉴 [J]．审计与经济研究，2005（01）：80-84.

[4] 刘明珠，陈金保．高技术型生产性服务业税收政策问题研究——基于北京市企业的调研分析 [J]．会计之友，2013（20）：56-58.

[5] 秦钏．促进京津冀高质量发展的产业税收政策协同研究 [J]．上海商业，2021（08）：48-49.

[6] 王晓洁等．促进京津冀协同发展的财税政策研究 [M]．北京：中国社会科学出版社，2019.

[7] 徐达松．促进京津冀产业协同发展的财税政策研究 [J]．财政研究，2015（02）：12-15.

[8] 杨志强．税收服务京津冀协同发展研究与探索 [M]．北京：中国税务出版社，2015.

[9] 张驰．促进京津冀协调发展的税收政策——以生产要素为视角 [J]．现代商贸工业，2018，39（29）：132-134.

[10] 中国国际税收研究会．现代服务业税收政策研究 [M]．北京：中国税务出版社，2013.

第六章　城市与城市群服务业
发展趋势探讨

所谓产业发展趋势一般是指产业未来发展方向，是相对明朗化的行业领先者共识，是不以人的意志为转移和不断发展变化的过程。2020年，新冠肺炎疫情全球大流行，对世界政治、经济、产业格局产生了深远影响。贸易保护主义、单边主义有所抬头，全球产业链、供应链、价值链面临调整重构。但经济全球化的基本趋势没有根本改变，产业发展的长期趋势没有根本改变。各国新技术、新业态、新模式不断涌现，高端生产性服务业的竞争更加激烈。优化提升我国超大特大城市和城市群核心竞争力，加快形成以现代服务业为主体、先进制造业为支撑的现代产业体系，提升城市群综合能级与国际竞争力的任务更加紧迫。

本章内容立足国际视野，多角度聚焦城市与城市群服务业发展趋势。服务业异质性特征突出，总体呈现不同地域特点和阶段性特征。城市与城市群服务业在符合产业发展总体趋势下，呈现出一些特殊而具体发展趋势。本章研究应用从一般到特殊、再从特殊到一般的归纳和演绎方法，多维度概括出城市与城市群服务业发展七大趋势。需要说明的是，在产业发展全球化、融合化、集群化、数字化总趋势下，服务业发展趋势相互交织，分化趋势、产业发展动力多元化趋势始终存在。本章研究认为，未来10~20年，城市与城市群服务业发展趋势可以概括为七个方面，即城市与城市群服务业加快增长趋势、结构升级趋势、企业规模多样化趋势、产业开放趋势、产业融合发展趋势、服务业数字化趋势和空间集聚趋势。

第一节　城市与城市群服务业呈加快增长趋势

城市与城市群服务业呈加快增长趋势，主要呈非均衡增长和结构性增长，同时在一定程度上存在着增长极限。

一是服务业增加值增长加快。服务经济在全球范围内发展迅速（见图6-1），经济服务化成为世界经济发展的显著特征和趋势。2001~2020年我国服务业①增加值年均增长9.4%，分别高出GDP和第一产业、第二产业增速0.7个、5.5个和0.4个百分点。2019年，北京、天津、上海和石家庄服务业②增加值增速分别高出地区生产总值0.4个、1.1个、2.2个和3.1个百分点（见表6-1）。其中北京服务业增加值占全国的5.5%，优势突出。

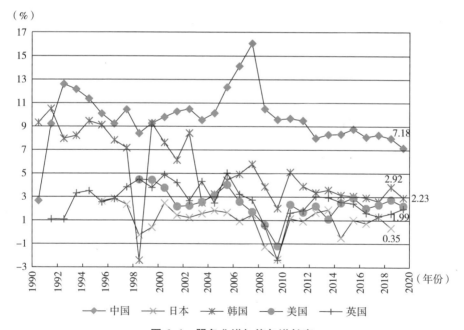

图6-1　服务业增加值年增长率

资料来源：世界银行、Wind数据库。

---

① 书中所称服务业数据为第三产业数据，数据精确到小数点后一位，下同。

② 由于受新冠肺炎疫情影响，2020年为特殊年份，有些只用了2019年的数据。

表 6-1　2019 年北京与相关城市服务业增加值增速对比　　　单位:%

城市	地区生产总值	第一产业	第二产业	第三产业
北京	6.1	-5.0	3.9	6.5
天津	4.8	0.2	3.2	5.9
上海	6.0	-5.0	0.5	8.2
石家庄	6.7	1.6	2.1	9.8
广州	2.7	9.8	3.3	2.3

资料来源：各城市统计年鉴。

二是服务业市场主体大幅增长。从我国经济普查结果比较来看，2004～2008 年、2009～2013 年和 2014～2018 年服务业法人单位年均增速分别为 6.7%、10.3% 和 16.2%，服务业单位加速发展趋势非常明显。2018 年末，我国服务业法人单位和个体户分别达 1716.1 万个和 5563.6 万个，较 2013 年增长 111.6% 和 80.0%，占新增法人单位和个体户的 82.8% 和 82.0%。2020 年全国服务业法人单位数为 2165.8 万个（占全部法人单位数的 74%），其中京津冀占比为 11%，长三角四省份为 21%，广东省为 12%，合计高达 44%。

三是服务业就业人数增长加快。主要发达国家服务业就业人数占就业总人数比重均超过 70%，英国则高于 80%。我国服务业就业人数比重逐年上升，2020 年达 47.7%，比 2011 年提高了 12 个百分点，未来服务业就业比重将逐渐向发达国家水平靠拢。

四是重点服务领域增长加快。由于服务业是由众多异质部门组成，服务业总体增长呈现各行业非均衡增长特征。近年来，美国信息服务业、专业和商业服务业、金融、保险、房地产业及租赁业等生产性服务业增加值增长加快（见图 6-2）。据相关资料[①]，发达国家生产性服务业占国民经济比重已超过 50%。其中美国比重达 70%，欧盟 55.6%、日本 57%。金融保险和经营服务等生产性服务业占 OECD（经济合作与发展组织）国家经济总量的比重，已超过 1/3。那些以高新技术为载体的资本密集、技术密集、知识密集型的服务业，如金融、保险、信息、咨询、数据处理等发展最快。

---

① 许宏强．着力提升生产性服务贸易竞争力［N］.经济日报，2020-05-05.

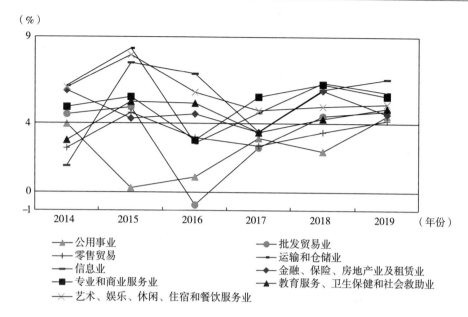

图 6-2　美国服务业各行业增加值年增长率

资料来源：美国经济分析局、Wind 数据库。

五是重点区域服务业增长加快，呈现分化趋势。我国京津冀、长三角、粤港澳大湾区三大城市群①服务业增加值增速基本高于全国平均水平（见图 6-3）。2019 年我国三大城市群服务业增加值 26.5 万亿元，占全国服务业增加值（53.4 万亿元）②的 50%，占全国 GDP（98.7 万亿元）的 27%。

六是服务业增长受供需两方面影响，在一定程度上存在着增长极限。从宏观来看，受最终需求、中间需求和外部需求以及需求结构变化制约，服务业比重达到一定程度后趋于稳定，服务业比重并不是越来越高。如生产性服务业增长更多受到第二产业特别是制造业发展需求制约。从供给来看，教育、卫生、医疗、住房等社会服务业在短期内尚难以满足居民对高品质服务的需求和人民对美好生活向往。

---

①　京津冀城市群数据为北京、天津、河北数据；长三角城市群数据来源于《长三角年鉴》，为上海、浙江、江苏、安徽的数据；粤港澳大湾区数据为广东（九市：广州、佛山、肇庆、深圳、东莞、惠州、中山、江门、珠海）、香港、澳门的数据。

②　全国数据暂未包括香港、澳门、台湾的数据。

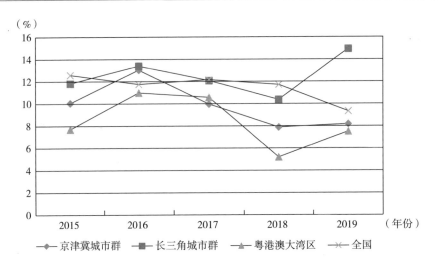

图6-3 我国三大城市群第三产业同比增速（现价）

资料来源：国家统计局、世界银行、《长三角年鉴》。

第二节 经济服务化、服务高端化趋势日益明显

经济服务化、服务高端化趋势日益明显，服务业结构动态升级带来新的增长动力和结构效益，同时在一定程度上存在结构固化。

一是经济服务化趋势日益突出，世界进入服务经济时代。2010年，全球已有110多个国家服务业增加值比重超过50%[①]，70多个国家服务业劳动力比重超过50%；世界平均服务业增加值比重超过70%，服务业劳动力比重超过50%；服务经济主导时代来临。发达国家已经形成以服务业为主导的经济形态，产业结构呈现出生产性服务业占绝对主体地位的格局。

二是服务业内部结构渐次升级、迭代升级，传统服务业向现代服务业、新兴服务业升级，高端化趋势逐步显现。如美国以金融、信息、专业服务等为代表的现代服务业快速发展，涌现出一批行业巨头。日本经历多次产业结构调整，确立

---

① 何传启. 中国现代化报告2016——服务业现代化研究［M］. 北京：北京大学出版社，2016.

了物流、金融、信息等现代服务业发展重点门类，推动了国民收入快速增长。近年来，我国互联网、金融和供应链等现代服务业企业快速崛起，逐渐代替批发贸易、零售、交通运输成为服务业发展的三大新兴领域。2020 年，尽管受到新冠肺炎疫情的巨大冲击和严峻复杂国际形势的影响，我国新产业新业态新商业模式仍继续保持增长。"三新"经济①增加值达 16.9 万亿元，比上年增长 4.5%（未扣除价格因素）。其中第三产业增加值 8.8 万亿元，占比为 52%（见表 6-2）。

表 6-2　2020 年我国按三次产业分类"三新"经济增加值统计

单位：亿元，%

指标	"三新"经济增加值	第一产业	第二产业	第三产业
增加值	169254	7423	73487	88345
增长	4.5	11.0	4.3	4.2
占比	100.0	4.4	43.4	52.2

资料来源：国家统计局。

三是服务业人才结构继续优化，就业向高附加值行业倾斜。美国服务业就业分布情况整体较为均匀，其中零售贸易就业人数占比下降明显，教育服务、卫生保健和社会救助业、专业和商业服务等行业就业占比上升（见图 6-4）。我国服务业就业分布相对集中，金融、房地产、信息服务、社会保障、租赁和商务服务业就业人数占比近年呈上升趋势。

四是城市与城市群服务业增加值占比波动上升达到一定程度后呈长期稳定趋势。如北京 1978 年服务业增加值占比为 23.9%，到 1998 年上升到 62.6%，20 年间年均提高近 2 个百分点；2018 年上升到 83.1%，20 年间年均提高 1 个百分点。2019 年和 2020 年北京服务业增加值占比分别为 83.7% 和 83.8%，进入稳定阶段。

---

①　"三新"经济是以新产业、新业态、新商业模式为核心内容的经济活动的集合。其中第三产业是指具有"三新"经济特征的、除第一产业和第二产业以外的其他行业（不含国际组织）。

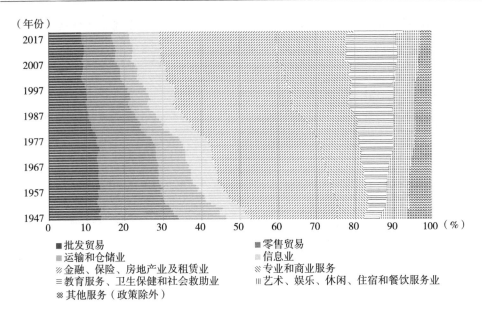

图6-4　美国服务业增加值结构演进

资料来源：Wind 数据库。

第三节　服务业企业规模化、多样化趋势明显

服务业企业规模化、多样化趋势明显，企业不断分化和并购，在有些维度上企业规模结构呈现大型与小型企业两头小、中型企业中间大的橄榄形特征。

一是服务业超大型企业增长趋势明显，企业能级不断提升，头部企业对服务业和经济发展支撑能力强。2021 年，我国服务业企业 500 强①营业收入总额达871.79 亿元，入围门槛达 60.3 亿元，比 2006 年入围门槛（5.9 亿元）增长了9.2 倍。2020 年，服务业企业 500 强实现的营业收入总额达 41.3 万亿元，占同期服务业增加值的 77.4%，服务业大企业对产业发展起到了决定性支撑作用。上述三大城市群服务业 500 强分布最为集中，推动服务业企业增长的外部动力在换

---

① 由中国企业联合会、中国企业家协会发布，2021 年服务业 500 强数据为上一年数据，余同。

挡，由政策推动主导向需求拉动和技术推动转变。

二是私营企业、小微企业发展活跃，成为我国服务业发展的主体力量和基础。在国家一系列政策措施支持引导下，2018 年，我国服务业私营企业和小微企业数量分别为 1171.7 万个和 1384.9 万个，比 2013 年分别增长 217.4% 和 166.3%，占服务业全部企业比重分别达 79.4% 和 93.8%；服务业个体户占全部个体户比重达 88.4%。目前我国市场主体已达 1.5 亿户[①]，其中企业 4600 万户，99% 以上是中小企业。上海市有效期内"专精特新"企业 3005 家[②]，文创、科研、教育等专业服务业占 14%，国家级"专精特新"小巨人企业 262 家。

三是服务业企业呈现多元化、综合化发展态势，企业集团化、连锁化、国际化，服务业大企业以规模优势、核心资源为中心，进行并购整合成为发展趋势。如腾讯在 2014 年完成的投资并购有 39 项之多，阿里巴巴已从电子商务公司成长为电商、金融、文娱、物流和云计算共同发力的行业巨头，服务业并购整合持续升温，从 BAT（百度、阿里巴巴、腾讯），到 BATJ（百度、阿里巴巴、腾讯、京东），再到 ATM（阿里巴巴、腾讯、美团），企业不断演化，外生型成长特征显著，重塑着服务业企业格局。在我国服务业企业 500 强中，"十二五"时期平均每年有 110.8 家企业完成并购 494.6 次，"十三五"时期平均每年有 134 家企业完成并购 912.3 次。数据显示营业收入规模越大的企业，越倾向于国际化。在 2020 年中国企业 500 强中，249 家国际化经营企业的平均营业收入 2039.5 亿元，远高于非国际化经营企业的 1403.8 亿元；但其收入利润率和净资产利润率均低于非国际化企业。

四是服务业企业 500 强的规模分布由金字塔形向橄榄形转变，营业收入 100 亿~500 亿元的服务业企业成为推动服务业成长中的关键（见表 6-3）。2007 年服务业 500 强中营业收入 100 亿元以下的企业有 390 家，占比为 78%，底座很大；塔身为营业收入 100 亿~500 亿元的企业有 79 家，占比为 15.8%；塔尖则为营业收入 5000 亿元以上的企业仅 1 家，金字塔形规模结构极为突出。2017 年上述塔座、塔身、塔尖结构分别演变为 28.4%、39.4% 和 2%，橄榄形结构已成雏形。2020 年营业收入 100 亿~500 亿元的企业占比为 49.8%，比 2017 年提高了 10.4 个百分点。在美国 500 强中，服务业企业数量占比为 55% 左右，2020 年中

---

① 资料来源：国务院于 2021 年 11 月 23 日召开政策例行吹风会，工业和信息化部介绍的相关情况。

② 资料来源：2021 年 2 月 28 日的《解放日报》。其中"专精特新"是指专业化、精细化、特色化、新颖化。

国企业 500 强中服务业企业 181 家，占比为 36.2%。服务业企业的成长中技术密集、数据密集、人力成本密集并重的特点越发显著。企业作为一个有机体，整体的效率提高和发展依赖于各类要素的集成和耦合。

表 6-3　近年我国服务业 500 强企业规模结构　　　　　单位：个

营业收入 ＼ 年份	2007	2017	2018	2019	2020
5000 亿元以上	1	10	12	15	17
1000 亿~5000 亿元（不含）	14	55	56	61	70
500 亿~1000 亿元（不含）	16	51	52	53	48
100 亿~500 亿元（不含）	79	197	232	231	249
80 亿~100 亿元（不含）	22	45	29	37	38
入围门槛至 80 亿元（不含）	368 (7.2)	142 (39.5)	119 (44.3)	103 (49.6)	78 (54.8)

注：括号内数据为入围门槛，2020 年报告为上一年数据。

第四节　服务业相互开放、服务贸易化成为发展趋势

服务业相互开放、服务贸易化成为发展趋势，制度规则和服务标准逐步统一，同时也存在服务贸易壁垒。

一是我国城市与城市群服务业成为吸引外资的主体。全国第四次经济普查数据显示，2018 年我国共有服务业外商投资企业 5.8 万个，占全部外商投资企业的 56.3%，其中，批发和零售业，租赁和商务服务业，科学研究和技术服务业以及信息传输、软件和信息技术服务业外商投资企业数量分别占服务业外商投资企业的 41.4%、15.9%、11.3%、9%，服务业外商投资企业资产比 2013 年末增长 129.9%。2019 年北京市服务业利用外资 134.96 亿美元，占北京市的 95%，2020 年北京市利用外资有所下降，服务业利用外资依然有所增加，占比达 97%。

二是服务贸易化趋势加快，发达国家地区和城市之间服务贸易开放程度高。服务贸易在各国开放型经济中的地位不断提升，成为各国和地区贸易战略竞争、贸易规则竞争和贸易利益竞争的核心，成为重塑全球贸易新版图的关键。据相关资料，目前欧洲双边服务贸易占比 90% 以上；亚洲双边服务贸易占比仅为 36%；

非洲及中东经济体尚未报告双边服务贸易。2019 年我国服务进出口总额为 7850 亿美元，是 2000 年（711.9 亿美元）的 11 倍，贸易逆差为 2178 亿美元。2019 年北京和上海服务进出口总额分别为 1543.4 亿美元和 1843.8 亿美元，占全国的 19.7% 和 23%。北京已与超过 200 个国家和地区开展服务贸易，服务贸易市场趋于多元化。服务贸易空间分布差异性较大，2019 年北京中心城区企业实现服务进出口额为 636.6 亿美元，是 2018 年的 3 倍以上，占北京市企业服务进出口总额的 89.7%，其中西城区占三成以上①。

三是我国城市与城市群服务业扩大开放趋势加快，政策开放度逐年提升。相关研究认为，测量一个经济体服务业开放程度有三个维度，分别为承诺开放度、政策开放度和实际开放度。2019 年《中华人民共和国外商投资法》和《中华人民共和国外商投资法实施条例》相继由全国人大和国务院会议审议通过并于 2020 年 1 月 1 日起实施。2020 年发改委、商务部分别发布了《外商投资准入特别管理措施（负面清单）（2020 年版）》和《自由贸易试验区外商投资准入特别管理措施（负面清单）（2020 年版）》，减少准入限制，其中全国外商投资准入负面清单由 40 条减至 33 条，自贸试验区外商投资准入负面清单由 37 条减至 30 条，自 2020 年 7 月 23 日起施行。同时服务业扩大开放、创新服务贸易发展也由地区试点向全国铺开。2015 年国务院正式批复《北京市开展服务业扩大开放综合试点总体方案》，试点期 3 年；2019 年 1 月国务院批复《全面推进北京市服务业扩大开放综合试点工作方案》；2020 年 9 月习近平主席在中国国际服务贸易交易会上宣布，为更好发挥北京在中国服务业开放中的引领作用，支持北京打造国家服务业扩大开放综合示范区，设立以科技创新、服务业开放、数字经济为主要特征的自由贸易试验区，构建京津冀协同发展的高水平开放平台。2021 年 4 月国务院印发《关于同意在天津市、上海市、海南省、重庆市开展服务业扩大开放综合试点的批复》。至此，四大直辖市均成为服务业扩大开放综合试点城市。与此同时，服务贸易创新发展试点也有步骤地向全国铺开。

四是营商环境市场化、法治化、国际化，服务规则标准化。近年来，随着我国"放管服"改革的持续深入推进，营商环境大幅改善，在世界银行营商环境全球排名已由 2015 年的第 84 位跃升至 2019 年的第 31 位。按照发达国家经验，经济体在向高收入发展阶段迈进后，消费性服务业国内外市场的联通性将不断加

---

① 资料来源：《2020 北京服务贸易发展报告》。

强，国际消费中心城市迅速崛起，引领全球消费潮流和规则制定。服务业的快速发展对标准的需求日益增强。国际标准化组织（ISO）和发达国家标准化研究机构越来越重视服务标准化工作。ISO 提出"服务标准化指南"，指出各国在制定服务标准时应主要考虑服务组织、服务人员、顾客、合同、支付方式、服务的交付、服务结果等 12 个要素。目前发达国家主要围绕与消费者密切相关的行业开展服务标准化工作。我国服务业标准化工作以促进相关产业发展为依托，促进国内规则与国际规则有效衔接，推动规则、规制、管理、标准等制度型开放，提升开放系统性、整体性、协同性。RCEP 已就海关程序、贸易便利化、检验检疫、技术标准等达成了一系列高标准条款，将显著降低区域内贸易成本，进一步提升地区总体产业竞争力。

五是同时存在着服务贸易壁垒。服务贸易包含 150 多个具体的服务行业，涉及服务业的各个层次。如在流通部门有跨国商业批零服务、国际运输与仓储服务等；在生产与生活服务部门，有国际旅游、跨国银行、国际融资及其他金融服务、国际保险与再保险、国际租赁、维修保养及技术服务、国际讯电服务、广告、设计及管理咨询服务、医疗服务、法律咨询服务等。由于各国发展水平不一、制度规则不同，市场开放程度与限制措施各异，服务贸易壁垒具有较强的隐蔽性，实践中许多服务贸易壁垒都是以维护国家主权与安全名义制定的。

第五节　服务业产业融合化成为发展趋势

服务业产业融合化发展趋势，产业融合具有阶段性，以出现新的产业形态为标志开始新的融合，服务业由制造业追随型向服务业自主扩张型转变，分工不断细化与深化趋势。

一是服务业与制造业深度融合，改变了传统产业边界。先进制造业和现代服务业制造业之间存在越来越多的功能延伸，越来越多的现代服务业以服务型制造方式促进了制造业高端化与柔性化发展。许多制造业企业由专门从事生产制造向"制造+服务"转型，并由为自身提供服务转向为广大市场提供服务。如与供应链相关的采购服务、物流与仓储服务等。制造业企业利用自身产品信息、知识、数据以及长期积累的资金等优势，为其下游客户提供与产品相关的安装、检测维修、整体解决方案、金融、租赁等生产性服务，为下游企业提供专业化和高端化的服务，实现了制造业与相关服务业的相互促进。另外，新兴服务业态和服务模式也需要先进制造业产品的配套才能完成，如云旅游、远程医疗、智慧养老服务等都需要 VR、AR① 设备配套、5G 网络设备和智能家居设备等。同时一些高端生产性服务业需要制造业为之提供各种定制化的试验产品和试验器材设备，如研发和设计行业。

二是生产性服务业驱动型融合发展趋势增强，制造业对生产性服务业的依赖显著增强。在经济服务化早期，属于制造业驱动型融合发展，生产性服务业对制造业的依赖较强；经济服务化后期，属于生产性服务业驱动型融合发展趋势，制造业对生产性服务业的依赖显著增强。生产性服务业是服务业和制造业融合互动的关键节点，财税体制改革消除了重复征税，打通了制造业与服务业之间的税收抵扣链条，有力促进了生产性服务业的发展。市场调研、咨询设计、人力资源、售后服务等生产性服务环节从制造业企业分离出来，走向市场，面向社会，生产性服务业内涵更加丰富、分工更加细化，有力地推动了产业转型升级和竞争力提升。2018 年北京生产性服务业重点领域企业数量大幅增长，租赁和商务服务业企业法人单位数达 250.6 万个，较 2013 年增长 207.5%，单位总数在服务业各门类仅次于批发和零售业，居于第二位；生产性服务业营业收入年均增长 12.9%，增速明显高于其他服务业。

三是服务业制造化与制造业服务化相向发展，推动了服务业产业链向制造业延伸，提升了产业链水平。一些服务企业凭借人力资本、技术、管理、销售渠道等优势，通过委托制造、品牌授权等方式向制造环节拓展业务范围，塑造融合型产业价值链，拓展了利润空间和增长潜力。2018 年，全国从事高技术服务业的企业法人单位和从业人员分别较 2013 年增长 271.9% 和 77.8%，全年实现营业收入 11.7 万亿元，较 2013 年增长 110.5%。制造业企业为提升核心竞争力，分离和外包非核心业务，与制造业生产密切相关的服务行业发展势头加快。2018 年，我国规模以上工程设计服务、质检技术服务、知识产权服务、人力资源服务、法律服务和广告服务企业营业收入较上年分别增长 18.0%、10.3%、25.1%、20.1%、17.5% 和 17.5%。生产性服务业的发展壮大，为制造业迈向价值链中高端提供了更多的专业服务支持，有力促进了我国产业由生产制造型向生产服务型

---

① VR 为 Virtual Reality 的缩写，即虚拟现实；AR 为 Augmented Reality 的缩写，即增强现实。

加速转变。

四是产业融合具有阶段性，以出现新的产业形态为标志开始新的融合。产业迭代升级，引领全产业、全链条、全环节融合。如工业互联网是新一代网络信息技术与制造业深度融合的产物，是实现产业数字化、网络化、智能化发展的重要基础设施，通过人、机、物全面互联，形成全新的工业生产制造和服务体系以及全新生态。线上线下加速融合模式在零售业已是大势所趋。北京大力推进供应链金融，谋划"信贷+担保+银行"新模式，搭建"创信融"等信用融资平台，为小微企业发展和科技创新创业提供金融助力。同时企业服务行业应运而生，覆盖了企业运作的完整流程，细分领域众多，包括人力资源类、财税类、协同办公类、销售营销类、采购供应类、企业安全类、数据服务类等。相关数据显示，2018年我国人力资源服务行业市场规模为4902亿元，总收入1.77万亿元。

五是服务业仍将进一步细化。现代经济的本质特征就是分工越来越细，如我国《生活性服务业统计分类（2019）》中大类共有12个，中类共有46个，小类共有151个。《生产性服务业统计分类（2019）》中大类共有10个，中类共有35个，小类共有171个，比原分类增加36个。许多行业从无到有、快速发展，专业化、品牌化、融合化并存。当企业提供的服务范围更加多样化，生产性服务企业更加专业化。近年来，我国发达地区专业服务业异军突起，如上海已打响"上海服务"品牌，组建了"上海市专业服务业联盟"，大批高能级国际服务机构入驻上海，众多国际专业服务业龙头企业纷纷把管理中心、研发中心、区域型总部放在上海，显著提升了上海融入全球服务网络的地位。《上海市服务业发展"十四五"规划》进一步提出，以培育一批高能级服务品牌为目标，大力发展法律服务、财会咨询服务、广告服务、人力资源服务等知识密集型专业化服务，加快高质量专业服务标准化建设，大力推动"全球服务商计划"，进一步提升专业服务业的集聚度和发展能级。

第六节　服务业数字化趋势加速

服务业数字化趋势加速，并呈现梯度化和差异化，同时数字化又造成新的区域分化，数字鸿沟加大。

一是数据已经成为新的核心生产要素，将带领经济走上数字化之路。在互联网时代，服务可以跨越时空。相比于制造业对土地和资本的依赖，服务业更加依靠劳动、技术和数据，数据具有要素报酬规模递增特征。互联网数据中心预测，2022年全球65%的GDP将由数字化推动，2020~2023年，数字化转型的直接投资将超过6.8万亿美元。新冠肺炎疫情加速了服务贸易数字化进程，世界加速进入数字经济快速发展时期。数字技术与金融、商贸、教育、医疗、交通运输等服务业深度融合。服务业企业平台化，多项服务产品在一个平台上进行虚拟聚集，行业边界与企业组织边界被打破，有机、紧密、共生、共赢的开放生态系统对服务业的发展更加重要。

二是服务业数字化规模不断加大。《中国生活服务业数字化发展报告（2020年）》显示，2019年我国服务业数字经济占行业增加值比重已达38%，在三次产业中数字化水平最高、转型速度最快。2019年我国已经应用云计算企业占比达66.1%，较2018年上升7.5个百分点；云计算市场规模为1334亿元，同比增长38.6%，其中私有云市场规模已超公有云，达689.3亿元。未来在数字经济高速发展趋势下，我国云计算行业仍将保持高速发展态势。

三是数字经济作为一种复合型经济发展模式，具有极强的赋能效应。据国际电信联盟测算，数字技术应用可帮助全球减少15%~40%的碳排放。国家统计局测算的2020年我国经济发展新动能指数结果显示，2020年我国经济发展新动能指数为440.3，比上年增长35.3%。其中网络经济指数增长最快（54.8%）、对总指数增长贡献最大（81.7%）[①]。互联网行业成为我国创新最活跃的一大领域，2020年我国网民规模已达9.4亿，互联网普及率为67%，超过全球平均水平。2018年国内信息技术发明专利授权数为18.5万件，同比增长10.8%，占国内全部发明专利授权数为53.5%。2018年我国服务业"三新"经济增加值约占服务业增加值的16%。

四是服务业数字化的区域差异比制造业的区域差异加大。截至2018年末，全球市值最高的十家公司中，有七家公司均为数字经济驱动型，即苹果、微软、Alphabet（谷歌母公司）、亚马逊、Facebook、阿里巴巴、腾讯。据赛迪顾问发布的《2020中国数字经济发展指数（DEDI）》，10个省份指数在全国平均值之上，

---

① 其余分别为2020年经济活力指数比上年增长17.4%，对总指数增长的贡献率为8.4%；创新驱动指数比上年增长18.1%，对总指数增长的贡献率为6.4%；知识能力指数比上年增长10.0%，对总指数增长的贡献率为2.6%；转型升级指数比上年增长3.6%，对总指数增长的贡献率为0.9%。

其中 Top5 排名分别为广东、北京、江苏、浙江、上海，均位于三大主要城市群。我国数字经济区域发展规模不均衡，地区集聚效应显著。2018 年，上海、北京、福建、湖北、四川、河南、河北数字经济规模均超过 1 万亿元，大部分省份数字经济规模均介于 1000 亿~10000 亿元，宁夏、青海数字经济规模介于 600 亿~900亿元。

　　五是数字产品贸易在国际贸易中所占份额越来越大，同时数据保护壁垒、数据本地化趋势也有所加强。"十三五"时期，我国数字贸易规模从 2015 年的2000 亿美元增加到 2020 年的 2947.6 亿美元，增长 47.4%，占服务贸易比重从30.6% 提高至 44.5%。跨境电商发展势头十分迅猛，5 年规模增长近 10 倍。21世纪的贸易规则说到底就是数字贸易规则，数字贸易规则不统一，给全球经济发展与地区稳定带来了挑战。数字跨境流动、电子传输免征关税等都是规则博弈的焦点。各国对数据资源高度重视，纷纷采取强制数据本地化存储、强制化反加密制度等手段加强对数据获取、数据跨境流动控制。美国积极推动跨境数据自由流动，强调信息和数据自由化，明确反对数字存储本地化，认为数据存储本地化是一种新型贸易壁垒；而欧盟则对跨境数据自由流动更加审慎。据欧洲数据保护委员会统计数据，在欧盟《通用数据保护条例》实施第一年里，成员国共报告28100 多例违规案件，罚款总额约 5.59 千万欧元（其中 5000 万欧元是对谷歌的罚款)[1]。

第七节　服务业发展空间向大中城市集聚

　　服务业发展空间向大中城市集聚的同时，不同服务行业因其特性也分别呈现不同集聚特征，服务业集聚的选择偏好增强。

　　一是服务业向发达地区和大中城市集聚发展态势更加突出。中心城市处于领先地位，一些中心城市成为国际消费中心城市，成为高端消费聚集地和世界时尚消费风向标。全国第四次经济普查数据显示，2018 年我国省会城市及副省级城市集中了全国 46.9% 的服务业企业法人单位、50.7% 的从业人员、66.0% 的资产

---

　　① 资料来源：北京市发展改革委研究室《前沿研究动态参考》。

总计和62.2%的营业收入。从区域来看，服务业主要集中在东部沿海地区，2018年广东、江苏、山东、浙江、北京、上海服务业增加值绝对额位列全国前六位，占全国服务业增加值比重达45.6%。从行业来看，信息传输、软件和信息技术服务业，租赁和商务服务业集聚度相对较高，规模以上服务业企业中上述两个门类营业收入排名前三省份营收之和已超全国总量的50%。京津冀、长三角和粤港澳服务经济和创新经济发展活跃，成为引领经济高质量发展的新高地。2018年北京服务业增加值占地区生产总值比重超过80%，上海、广州均在70%左右。三个城市信息传输、软件和信息技术服务业、租赁和商务服务业、科学研究和技术服务业的企业从业人员、资产总计和营业收入占全国的比重分别达到20.8%、29.7%和32.7%。

二是服务业向少数区域不断集中的趋势显著，现代服务业集聚区不断扩展。如欧盟各大都市都将构建核心区域、形成产业集群作为发展服务业的主要策略。亚洲很多城市也高度重视服务业功能集聚，韩国首尔、日本东京、新加坡、中国香港等都形成了高端服务业集聚区。随着我国服务业的迅速发展，服务业集聚区建设日益引起中央和地方政府高度关注，把推进服务业集聚区建设作为促进服务业发展重要抓手，出台支持服务业集聚区建设政策文件，推进服务业企业或相关机构聚集程度较高的特定地域优先发展。如"十四五"时期在有条件的地区优化推进知识产权服务业集聚区、国家检验检测高技术服务业集聚区、标准化服务业产业集聚区建设等。

三是服务业空间积聚的选择偏好趋于多样化。复杂的、不能实现标准化的服务交易一般会选择集聚的布局模式；那些不复杂的、能够实现标准化的服务交易活动会在空间布局上趋于分散，尤以商超、百货等流通性企业表现得最为突出，即标准化成长，这类企业的规模扩张必然以企业空间边界的突破为前提。

（1）生产性服务业前期集聚发展，后期逐渐由核心区向边缘地区辐射，表现出"集聚—扩散"现象。在城市群发展初期，中心区域拥有特殊资源禀赋，市场更加成熟，优势产业得以集中、快速发展，随着城市群交通网络、信息网络日渐发达，要素流动日趋高效，产业从中心地区向外围地区扩散，带动外围地区经济水平提高，从而推动整个城市群的经济发展。中心城市具有溢出效应，带动各城市间产业合作，形成经济良性循环机制。根据相关课题研究成果[1]，北京服

---

[1]　资料来源：北京市经济与社会发展研究所的《京津冀产业协同发展研究》。

务业总关联度全国最高，其中北京与上海服务业关联度最高，与河北的关联度较低。

（2）金融产业空间结构呈"多中心+梯度化"分布趋势。以美国金融服务业为例，既有空间布局相对均衡的全球性金融中心[①]，如纽约、华盛顿、芝加哥、旧金山和洛杉矶等，分别分布在美国东部沿海地区、中部地区和西部沿海地区，同时辐射带动周边地区发挥金融中心作用。纽约证券交易所影响力全球第一，吸引了大量的金融就业人口，辐射带动波士顿也成为国际性金融中心。根据历史渊源或产业需求，美国还形成了分散的专门化程度较高的区域性金融中心，如圣迭戈拥有发达的通信工业和生物制药产业，受到洛杉矶的带动发展成为区域性金融中心。

（3）科技创新呈"带状+极核"集聚态势。《国际科技创新中心指数2021》中[②]前15名均来自美国，围绕纽约和洛杉矶分别形成东西两大创新集聚带，还有诸如"芝加哥—内珀维尔—埃尔金"等小型集聚板块，创新能力居全球前列。美国科教资源集聚，形成多个创新"极核"。如旧金山集聚了大量高新技术跨国企业总部，形成世界著名的硅谷产业园区，成为区域科技创新和人才资本的辐射源；波士顿集聚了哈佛大学、麻省理工学院等高等级学府，产学研融合促进高科技产业潜能持续释放。在欧洲，巴黎集聚了多个创新服务平台，包含IBM、GE等建立的重大数据中心项目，提供跨国界数据整合服务。

（4）文化产业呈现"强核集中+外围散点"分布发展趋势。从全球分布来看，文化创意产业发展极不均衡。美国和欧洲占据大部分市场份额，分别为43%和34%[③]，亚洲和南太平洋国家仅占19%，日本、韩国占比依次为10%和5%，中国占比不足4%。从国家内部来看，代表性城市文化创意资源丰厚。纽约和洛杉矶是美国两大文化产业中心，文化产业就业比重高于其他城市，纽约拥有苏荷（SOHO）现代文化艺术中心以及百老汇等著名创意集聚区，洛杉矶以电影文化闻名，聚集美国八大电影公司总部，以好莱坞、迪士尼乐园、环球影城为典型代表。日本动漫产业发达，主要集中在东京和大阪，周边形成了以时装设计、旅

---

① 全球性、国际性金融中心分类是按照2021年公布的《第29期全球金融中心指数报告》标准执行。

② 《国际科技创新中心指数2021》由清华大学产业发展与环境治理研究中心联合自然科研发布，报告通过科学中心、创新高地、创新生态三大维度32个指标，对全球50个城市（都市圈）的创新能力进行测度。

③ 资料来源：联合国教科文组织，国际作家与作曲家联合会（CISAC）和安永会计师事务所（EY）于2016年共同发布文化与创意产业最新报告。

游、游戏等产业集聚区。北京作为全国文化中心，文化资源居全国首位，文化产业更是北京重要的支柱性产业，既是全国文化中心建设的重要组成部分，又是满足人民美好生活需要的重要途径和文化强国建设的重要支撑。2019 年，北京市规模以上文化产业实现收入 12849.7 亿元、增加值 3318.4 亿元（占 GDP 比重 9.4%，居全国首位），是"十二五"期末的 1.7 倍。"十三五"期间，北京入选"全国文化企业 30 强"、国家文化出口重点企业数量均居全国首位，文化领域独角兽企业数量占全国一半左右。"十三五"期末，共认定市级文化产业园区 98 家，文化产业园区发展势能进一步得到提升。

执笔人：刘秀如　贾君欢

参考文献

［1］丰晓旭，李勇坚．服务业改革研究回顾与前瞻：1949—2019 年［J］．改革，2020（02）：89-101.

［2］高蕊．服务业"十三五"发展及"十四五"展望［J］．中国经济报告，2020（06）：20-29.

［3］李春红，程耀华．世界服务业发展新趋势及对我国的启示［J］．北方经济，2013（17）：43-44.

［4］吕刚，林佳欣．中国服务业的实际开放度与国际竞争力：基于 FATS 和 BOP 统计口径的全面衡量［J］．国际经济评论，2019（05）：144-154+8.

［5］王微，刘涛，赵勇．我国消费性服务业发展现状及未来趋势［R］．调查研究报告，2018.

［6］魏际刚．生产性服务业发展呈现新趋势［EB/OL］．［2018-08-09］. http：//views．ce.cn/view/ent/201808/09/t20180809_ 29981138. shtml.

［7］徐金海，周蓉蓉．数字贸易规则制定：发展趋势、国际经验与政策建议［J］．国际贸易，2019（06）：61-68.

［8］邢志宏．服务业在新时代改革开放中迈向高质量发展［N］．中国信息报，2020-02-06（001）.

［9］尹稚，王晓东，谢宇，扈茗，田爽．美国和欧盟高等级中心城市发展规律及其启示［J］．城市规划，2017，41（09）：9-23.

第七章　促进京津冀城市群服务业高质量发展的建议

在需求收缩、供给冲击、预期转弱三重压力下，要把握全球服务业发展趋势，发挥北京科技、人才、资本、信息优势，以"优质要素赋能、品牌标准引领、融合互促提质、改革开放驱动"为抓手，优化生态、培育品牌、畅通循环、增强韧性，推动京津冀服务业高质量发展。

第一节　以优质要素赋能，推动区域服务业高质量发展

京津冀城市群优质要素集聚，在全国优势突出。一方面，要充分发挥好科技、人才、资本、数据等要素优势，在大变局中汇聚力量，聚焦科技创新、数字经济、生产性服务业等优势领域，打造一批具有国际影响力、处于全球价值链核心位置的企业，切实增强我国在国际分工体系中对核心资源要素的掌控力，畅通国际循环，培育竞争优势。另一方面，要通过不断优化要素组合、提高要素配置效率，充分释放优质要素倍增效应，赋能京津冀区域经济增长和结构优化。

一、瞄准全球前沿培育一批科技创新主体，助力提升在全球创新体系中的地位

《2021 全球创新百强》报告中，京津冀地区仅有 1 家企业上榜，与欧美国家

还有较大差距①。要依托核心技术攻关的新型举国体制，抢抓新一轮科技革命和产业变革机遇，面向世界科技前沿、经济"主战场"、国家重大需求、人民生命健康，集聚和培育国家战略科技力量，办好国家实验室、推进"三城一区"融合发展、深化科技体制改革、强化企业创新主体地位，打造一批具有国际影响力、拥有核心技术的科技龙头骨干创新主体。

（一）围绕抢占全球战略必争领域制高点，聚焦"卡脖子"关键领域，夯实创新主体竞争力

一是更加重视"从0到1"的基础研究。聚焦人工智能、纳米技术、生物技术、基因工程、超导体和量子计算机等战略必争领域，加强国家资源要素配置，加强国际科技合作，探索顶尖人才、基础研究等领域政策和机制突破，在主干创新领域发力，提高原始创新策源能力。以提升科研组织化、体系化能力为突破口，打破国家重点实验室依托单位行政隶属限制，鼓励围绕重点领域协同开展基础研究和应用基础研究。支持科技领军企业在京牵头建设国家重点实验室。推动"三城一区"在内的科技领军企业、高校院所和新型研发机构积极参与国家实验室建设。

二是围绕集成电路、核心元器件、新材料等"卡脖子"领域集中攻关。引导支持龙头企业建立同准备份、降准备份机制，通过自主研发、揭榜挂帅、股权并购、产业链整合等多种方式实施国产化替代，增强专利技术创新能力，提升应对"实体清单"等精准打压的韧性。强化企业在国家战略创新中的地位和作用，支持领军企业联合高等院校、科研院所和行业上下游企业组建创新联合体，承担一批前瞻性、战略性的国家重大科技项目。加快实施双"1+1"工程，围绕"集成电路试验线（小线）+生产线（大线）"工程建设，加速构建"大线出题、小线答题、产研一体"的产业创新发展模式。

三是持续建设世界一流新型研发机构。持续支持已经布局的新型研发机构，优化人才支持政策，引进、培育高层次人才梯队，鼓励自主选题，引入项目经理人，争取在量子计算、超大规模新一代人工智能模型、微纳能源与自驱动传感技术、类神经元芯片和双向闭环脑机接口、干细胞治疗与再生医学等方面形成一批重大原创成果，在前沿技术领域谋划布局建设新一批世界一流新型研发机构。持

①　美国有42家，日本有29家，中国有9家，其中北京有1家，韩国有5家，法国、德国、瑞士各有3家，荷兰有2家，加拿大、芬兰、瑞典、英国各有1家。

续深化体制机制创新，在制度允许的情况下给予新型研究机构一定的容错范围和机制；创新考核机制，以合同科研绩效、各级科技奖项和市场转化效果等多种指标进行综合考量，使资金的使用效率评价方式更加符合科技研发和成果转化实际。发挥在运行管理机制、财政支持方式、绩效评价机制、知识产权激励、固定资产管理等方面优势，加大研究生培养力度，持续引进和培养创新人才和团队。优化世界一流新型研发机构配套支持政策，建立与国际接轨的治理结构和组织体系。

（二）加强科技成果发现与挖掘，催生一大批从事应用技术开发与转移的专业机构和技术经理，搭建科技与产业的桥梁

建设公共信息服务平台，对高校院所高价值专利信息进行采集和共享，推动科技成果与产业、企业需求有效对接。完善技术要素市场，培育中国（上海）国际技术进出口交易会①，培养一批知识产权、技术转移、创业孵化以及法律、商业等方面的标杆服务机构和专业人才，让技术要素自主有序流通，充分发挥好配置创新资源、发现创新价值、激励创新主体的功能和作用。支持高校院所、医疗卫生机构建设科技成果转化服务机构，或与社会化科技成果转化服务机构开展合作，深入挖掘科技成果资源，对接产业需求，促进科技成果转移转化。支持科技成果转化服务机构提升技术评估、知识产权运营转化、概念验证、技术投融资等专业服务能力。

（三）强化市场导向的科技投入产出机制，集聚和培育一批全球创新企业

营造更加良好的创新创业生态，完善科技人才发现、培养、激励机制，完善科技成果转化机制，构建跨区域、面向前沿产业、政产学研多方参与的协同创新组织，建立有利于科技成果转化的考核评价机制，促进政产学研协同创新，大幅提升创新主体活力和竞争力。大力发展投融资服务，引导社会资本介入成果转化全链条，以北交所、科创板为龙头激活全流程创新链条。凡是属于"卡脖子"的技术产业化项目，凡是能够以产顶进、降低关键核心技术对外依存度的，凡是有利于促进内循环、提升产业竞争力的，都应优先考虑。

---

① 上海已经连续举办八届中国（上海）国际技术进出口交易会，这是我国唯一一个以技术贸易为主题的国家级、国际性、综合性展会，由商务部、科技部、国家知识产权局和上海市人民政府共同举办，已经成为服务国家战略、展示国际领先技术、链接专业创新资源的重要平台。第八届展会于2021年4月15~17日成功举办，展览面积3.5万平方米，参展企业1028家，吸引专业观众25662人次，86家机构在"上交会发布"推出95个创新项目，现场达成合作意向524项。

二、对标国际一流培育一批数字经济标杆企业，助力提升国际数据规则话语权

数据作为当今经济活动中不可或缺的生产要素，不仅带来了劳动、资本、技术等单一要素的倍增效应，更重要的是提高了劳动、资本、技术、土地这些传统要素之间的资源配置效率，对经济增长和结构优化的贡献越来越突出。北京数字经济企业资源丰富，创新性、先锋性突出①，但总体来看，尚未拥有全球顶尖的数字经济企业②，国内规模化数字应用场景优势尚未转化为全球竞争技术优势。引导数字经济企业提升专利技术创新能力，推动数字经济企业前后延伸业务链条，形成若干市值高、技术强的跨国企业，增强国产技术标准话语权。

（一）引导消费型平台型企业从市场应用领域向核心底层技术创新延伸

从全球发展趋势来看，为提升产品性能、保证供应链的自主可控管理，苹果、谷歌、亚马逊等科技平台巨头已在芯片等硬科技领域走在了前列，苹果 M 系列芯片、谷歌的 Tensor 芯片等都已经取得了显著成效③。北京要加快落实研发费用税前 200% 加计扣除等相关政策，出台鼓励企业向核心底层技术创新延伸的相关举措，引导京东、抖音、快手等消费型平台型企业加大关键核心技术研发力度，攻克一批核心底层技术，掌握一批能够引领全球的技术、专利、标准等知识产权。

（二）增加开放创新应用场景，孕育一批成长性高的科创型平台企业

把握好平台企业规范和转型窗口机遇期，完善构建平台企业应用场景所需基础设施，加强云计算中心、物联网设施、个人终端设备建设和推广，在城市交通、医疗、商业、重大体育赛事、文化活动等重点领域中加大开放应用场景，带动新技术新产品新模式跨界融合创新和上下游产业链企业衍生汇聚，孕育更多成

---

① 全球 586 家独角兽企业中，北京占 93 家，数量全球第一，是"全球独角兽第一城"。人工智能、区块链企业集聚度高居全球城市前列，企业数量居全国首位。其中，人工智能企业约 1500 家，占全国人工智能企业数的 28%；区块链企业 175 家，占全国的比重近 60%。

② 从市值规模来看，在近 5 年稳居全球前七的互联网公司中，北京无 1 家（中国共占 2 席，分别为杭州阿里巴巴、深圳腾讯）入选。

③ 过去很长一段时间，苹果的 Mac 产品线一直采用英特尔芯片。2020 年，苹果推出了自研 M1 芯片，2021 年 M 系列两颗自研芯片 M1 Pro 和 M1 Max 发布，使用名为 M1 Pro 和 M1 Max 的新芯片的笔记本电脑的性能将远远超过竞争对手基于英特尔和 AMD 芯片的机器。未来，自研芯片或将完全覆盖苹果硬件产品。谷歌近日也发布了首款自研芯片 Tensor，搭载在 Pixel 6 系列智能手机上，取代了此前的高通骁龙芯片。全球最大的云服务商亚马逊也在开发着自己的网络芯片，以减少对博通的依赖。

长性高的科创型企业。

（三）突破基础软件和工业软件关键技术，打造工业互联网平台

以行业需求为牵引，加快创新发展、深化融合应用、筑牢安全防线、营造良好环境，全面支撑制造强国、网络强国建设，为经济高质量发展贡献力量。

一是要加快攻克技术难关。建立工业互联网共性技术体系，瞄准"卡脖子"领域集中力量攻关；系统布局边缘计算、人工智能等前沿技术，发展新型工业软件等应用技术，推动形成技术研究和产业应用互促互进的良好局面。

二是要打造自主开源社区。通过投资基金、专项资金等多种渠道，鼓励国内软件龙头企业成立自主开源社区，以推进开放创新、协同创新，集聚全球优质发展资源。配合国家战略需要，适时对涉及开源软件垄断的跨国企业开展反垄断调查，规范其发展，为国内开源软件发展争取更大空间。

三、着眼全球领先培育一批全球生产性服务业企业，助力提升参与全球治理能力

生产性服务业是引领产业向价值链高端攀升的关键环节和根本途径，也是全球产业竞争的战略制高点。虽然北京金融、信息、科技、商务等生产性服务业保持先发优势并辐射全国，但在服务我国参与国际竞争合作、处理国际事务中的话语权较弱[①]。要通过深化改革、打造集聚区、组建产业联盟、改善营商环境、配套支持政策等系列举措，培育一批全球知名服务业品牌，积极参与国际贸易规则制定和全球治理。

（一）打造高端商务服务集聚区集聚相关机构

给予落户（注册登记地、实际经营地、财税户管地）集聚区的影响力大、带动能力强的龙头型机构专项奖励、办公用房、人才保障等相关奖励支持，积极争取各类跨国公司总部、国际组织和国际智库及其会计、广告、法律、管理咨询和金融等先进生产者服务业进一步向北京集聚。

（二）配套政策提升本土品牌影响力

对标德勤、维萨、普华永道、毕马威、麦肯锡等世界知名服务品牌，以促创新、强服务为出发点完善政策体系，推动服务向专业化和价值链高端延伸，培育

---

① 2021年全球商业服务品牌价值 Top100 中北京仅京东方 1 家企业入围，与欧美国家存在非常大的差距（Top20 中美国 14 家，英国、荷兰各 2 家，法国、比利时各 1 家）。

一批优质服务品牌。在税收方面，在现有研发费用加计扣除"负面清单"的基础上，针对信息服务业、科技服务业等设置加强优惠的"正面清单"，给予更高的加计扣除比例，可考虑将制造业研发费用加计扣除100%政策向技术含量高、品牌价值高的服务业延伸。在人才方面，对于工业设计、人工智能、生物医药等目前尚未设置专门职称评定的行业领域的高端人才探索推动出台政策，研究相关职称等级待遇。支持本土优质品牌"走出去"，出台相关政策鼓励央企和国企在境外投资等活动中更多采用本土企业所提供的金融、咨询、会计、法律等服务；鼓励本土品牌积极参与国际合作和国际规则标准制定，主动为"一带一路"倡议、RCEP服务，提升我国参与全球和地区事务的话语权和影响力。

四、着眼提升区域能级搭建一批综合性服务平台，助力京津冀服务业协同发展

发挥北京"一核"辐射带动作用，提升北京科技、金融、信息、法律、会计等服务区域能力，加速赋能津冀传统产业，协同推进数字化、智能化、绿色化改造升级。

（一）打造工业互联网平台，赋能京津冀产业转型升级

支持北京工业互联网和智能制造头部企业对接津冀生产制造资源，引导龙头企业带动区域企业上云用数赋智，促进行业内数据上线流通、生产企业吸引集聚、产业生态完善，加快推进京津冀联网协同智造。北京重点打造工业互联网平台，培育一批工业大数据、智能传感与控制等跨行业跨领域的集成服务商；通过工业互联网平台为区域交通设备制造、机械等行业开展服务化转型，助力企业获取更大价值空间、提升可持续竞争优势；工业互联网平台结合大数据、人工智能等新技术手段，为钢铁、石化等高耗能、高排放、高危险、工艺复杂行业提供新型能源管控、安全管控解决方案，提升行业内企业整体精细化管控水平。引导重点领域、重点行业、重点企业加大应用投入力度，持续开展试点示范，开展数字化车间和智能工厂建设，拓展工业互联网应用范围，加快发展融合应用产业。

（二）提升北京生产性服务业服务区域能力

充分利用北京生产性服务业在京津冀区域的良好联动基础，以服务能力输出带动项目输出、技术输出，加强制造区域配套，在新一代信息技术、医药健康、智能装备、汽车等产业领域加快完善产业链供应链配套。支持在京龙头企业构建面向区域的新型供应链网络，搭建面向行业的长链平台、中链平台和短链平台，

协同整合全链条资源，打造特色行业的用户中心、订单中心和渠道中心，推动由出口导向性全球化战略转型为基于庞大内需的全球化战略。鼓励"链主"企业通过并购、引进、参股等方式补链强链扩链，提高产业垂直整合度。同时，围绕"链主"企业建立供应链备选清单，确保极端情况下能够自我循环。

第二节　以融合互促提质，推动区域服务业高质量发展

先进制造业和现代服务业是现代产业体系的两大支柱，两者的深度融合是现代产业发展的必然要求和基本趋势，是壮大现代产业体系、攀升全球价值链和基本建成现代化强国的必由之路。IBM、苹果、亚马逊等全球知名企业的发展实践都表明，制造服务化和服务型制造会显著提升企业绩效。京津冀地区要顺应产业融合的趋势和规律，通过先进制造业和现代服务业的融合发展，推动区域服务业高质量发展。

一、以连通促畅通，搭建区域融合互促的空间载体

（一）培育节点完善廊道，促进区域资源要素畅通

除了提升石家庄、保定、唐山、廊坊、沧州、秦皇岛等城市竞争力外，还要关注正定、定州、辛集、曹妃甸、黄骅、迁安、任丘等富有潜力的节点城市，共同支撑形成功能优化、分工合理的多节点、网络化、高度融合的都市圈功能体系。重视引导轴线上交通枢纽向功能节点转变，结合枢纽布局，吸引对航空、城际铁路和高铁具有强烈需求指向的人群、活动和业态集聚，注重多种交通方式的无缝对接，改变单一用地结构和纯粹的空间用途，打造区域特色魅力新节点。不断完善区域廊道建设，除了要继续完善京津、京保石、京唐秦等廊道，还需围绕京津雄（保）、石衡沧雄（保）、秦唐津沧沿海等完善城际出行通道①，支撑世界级城市群建设。

---

① 通过2017年滴滴出行大数据绘制的出行热力图可以发现，"京—廊—津—保""石—保—沧""廊—涿—固"等区域协同往来非常密切，但目前多以公路出行为主。

（二）完善直联直通交通与区域物流体系

加快重要交通枢纽、轨道交通、公路网、信息网、物流网一体化建设，为要素自主有序流动提供硬件基础。推进北京空港、陆港与天津港的衔接和融合，优化北京大兴机场和天津机场货运分工，用好天津港出海通道，推动海铁联运，健全直连直通交通体系，提升国际性流通网络枢纽功能。完善"通道+枢纽+网络"的物流体系，实现规划整合、通道结合、枢纽融合、运营复合、服务联合、制度配合，推动多式联运，提高物流运行效率。

二、以融合促协同，推进区域制造服务化和服务型制造

积极推进信息化与工业化的深度融合，提高制造的智能化和数字化水平，实现高起点和高质量的"两业融合"，推动网络化协同制造、柔性制造，推进制造业服务化转型以及培育服务业的"智造"元素。

（一）明确产业融合所衍生的交叉行业的市场准入规则

产业融合必然产生一些交叉行业，比如数字政务、电子商务、数字文化、物联网、智能手机等，往往涉及多个监管部门。因此，需要协调监管部门，对市场准入、监管模式、统计归类和税收安排等给予清晰政策，尽量遵循底线思维，避免政府过度干预，以包容审慎的理念对待交叉行业和新兴业态，为产业融合可能产生的新业态和新服务自然成长创造良好的生态环境，并适时调整统计规则和政策指向。

（二）构建有利于产业融合的公共环境

发展因产业融合而产生的新兴服务业需要良好的公共环境。智能交通需要政府开放实时交通数据与地理信息数据，电子病历需要卫生、医院等多个部门的配合，知识产权运营服务需要开放知识产权数据库，电信增值服务需要对大运营商的垄断地位进行管制等。因此，可以出台相关政策，为产业融合构建一个良好的公共环境。

三、以创新促融合，增强区域联动发展能级

发挥北京"三城一区"带动作用，围绕京津、京雄轴线及重要节点，探索顶尖人才、基础研究、成果转化等领域政策和机制突破，创新科技园区、高等学校、科研院所、企业多元化合作机制，携手共建重大科研基础设施、产业技术创新平台、创新创业服务平台，营造创新创业生态，构建集人才培养、应用研究、

研发孵化、产业制造、科技服务为一体的全域创新空间体系，推动创新链、产业链、供应链、价值链深度融合，实现增长联动、利益融合。

发挥北京创新资源辐射带动作用，推动一批应用场景和技术合作项目，加速赋能津冀传统产业改造升级。围绕新一代信息技术、智能网联汽车、生命健康等产业，灵活运用飞地经济、租赁经济、托管经济、共享经济等推动实现联动协调发展，共同建设分工合作、相互配套、上下游衔接的产业链和供应链体系。

四、以供应链提升，搭建区域融合互促的桥梁纽带

北京市物流企业、供应链企业与国际顶尖水平仍然存在较大差距①，全球供应链 Top25 仅 1 家北京市企业入围，全球物流品牌 Top25 无北京市企业入围。

（一）在服务品质生活方面，推动生产型供应链向消费型转变

鼓励王府井等大型零售企业、京东等互联网企业设立海外直采基地、物流配送中心、海外仓等，完善境外分销和服务网络，搭建集成国际采购、全球配送、跨境分销等功能的高能级供应链综合服务平台，聚合物流、商流、信息流、资金流等资源要素，赋能合作伙伴及承运商，为北京市、京津冀地区乃至全国制造业强链、补链，推动生产性服务业重点领域跨越式发展。推进供应链体系升级与创新，充分利用物联网、云计算、大数据、人工智能等新兴技术深入挖掘消费者需求，将消费需求贯穿产品设计、采购、生产、销售、服务等全过程，提高企业快速反应能力。

（二）在服务产业升级方面，推进供应链体系升级与创新，推动制造供应链向产业服务供应链转型

对标思科②等全球供应链顶尖企业，完善从研发设计、生产制造到售后服务的全链条供应链体系，拓展质量管理、追溯服务、金融服务、研发设计等功能。建设一批服务型制造公共服务平台，鼓励相关企业向供应链上游拓展协同研发、

---

① 以顺丰为例，2020 年营业收入排名第 4 但品牌价值仅排名第 9，多元化、国际化距离 Ups、Fedex 等全球顶尖跨国物流企业仍有较大差距；顺丰国际业务占比仅 3.8%，远低于 UPS 的 20%。以阿里巴巴为例，尽管在国内市场处于体量领先地位，但在国际市场上，与亚马逊仍有较大距离，2019 阿里巴巴跨境及全球零售收入占比为 5%，而亚马逊国际站销售占比 31%（除北美洲以外全球市场）。

② 作为面向未来的智能 IT 解决方案，思科 Meraki 紧跟全球数字化趋势，提供简捷、安全和智能的解决方案，近几年始终活跃在帮助制造型企业实现智能化转型的舞台上。通过 Meraki 的 SaaS 云网络管理平台，用户不仅能组建定制化的无线网络环境，并且通过基于浏览器的控制面板就能完成对整个系统的管理。Meraki SaaS 云网络管理平台是 Meraki 产品组合的云网络基础，其解决方案包括无线接入点（MR）、交换机（MS）、含安全功能的路由器（MX）和 SD-WAN 以及最新 IoT 产品传感器（MT）。

众包设计、解决方案等专业服务，向供应链下游延伸远程诊断、维护检修、仓储物流、技术培训、融资租赁、消费信贷、商检报关等增值服务，提升制造产业价值链。

（三）积极打造具有全球影响力的电子商务平台

充分发挥我国跨境电子商务优势，推进内外贸监管一体化，以允许在跨境电商综试区试点 B2B 为契机，打破零售与贸易批发的界限，允许所有跨境电商企业都可以做 2B、2C，把零售和进出口贸易一体化，允许企业根据自身的需要自由的选择零售或批发等不同业态，为其开展国际供应链整合创造条件①。通过发展跨境电子商务平台，促进我国企业"买世界"，推动我国企业"卖世界"，从而使生产性服务业在促进我国"双循环"新发展格局中发挥更大和更好的作用。

第三节　以品牌标准引领，推动区域服务高质量发展

一、重视标准和品牌引领

强化标准化建设，在养老、育幼、家政、物业服务等领域，支持以企业为主体、行业组织为依托开展服务业标准化试点，引领形成全国标杆化服务标准。深入实施商标品牌战略，在学、娱、健、游、安等改善型、享受型服务领域，健全以产品、企业、区域品牌为支撑的品牌体系，培育一批诚信、优质、特色服务品牌。发挥好首都旅游集团、王府井集团等头部企业品牌示范效应，抓住北京冬奥会召开、环球影城开业等有利契机，挖掘北京服务品牌潜力，培育生活性服务业"领跑者"企业。

二、推进服务业标准的国际化接轨

长期以来，我国服务业对外开放受限较多，对服务标准化认知较浅，也很少

---

① 近年来，我国跨境电商进出口总额虽然年均增速超过 50%，但在进出口贸易总额中比重不到 2%。其中的部分原因就源于内外贸监管体制的分割。比如跨境电商做零售不能做贸易批发。又比如，零售商又被切分为保税进、保税出、一般进、一般出四种类型，只能择其一种来经营，不能"四位一体"干零售。而内贸就没有这样的限制。这种跨境电商的监管体制严重束缚了企业的经营能力。从国际视野来看，国际巨头亚马逊从事跨境电子商务，其不分国内国际、进口出口、批发零售，全方位一体化，值得我们借鉴。

在国际舞台参与服务业标准的制定，缺乏话语权。"十四五"时期，既要充分抓住服务业对外开放的机遇，将中国服务标准推向世界，以提升中国全球治理话语权和影响力；又要重视服务供应和服务消费行为的国际接轨，适应服务业的国际标准和行为规则，从而更好地融入国际市场，助力中国服务业"走出去"。

三、推进服务业态融合创新

加快推动市场主体特别是小微企业和个体工商户"上云用数赋智"，完善电子商务公共服务体系，引导电子商务平台企业依法依规为市场主体提供信息、营销、配送、供应链等一站式、一体化服务。引导各类市场主体积极拓展在线技能培训、数字健康、数字文化场馆、虚拟景区、虚拟养老院、在线健身、智慧社区等新型服务应用。加强线上线下融合互动，通过预约服务、无接触服务、沉浸式体验等扩大优质服务覆盖面。

创新"医疗+康养""体育+健康""体育+旅游""文化+旅游"等多种业态融合服务模式，更好地满足消费者心理和精神层面的需求。促进"服务+制造"融合创新，加强物联网、人工智能、大数据、虚拟现实等在健康、养老、育幼、文化、旅游、体育等领域应用，发展健康设备、活动装备、健身器材、文创产品、康复辅助器械设计制造，实现服务需求和产品创新相互促进。

四、推出一批有代表性的服务场景和示范项目

加强城市特色商业街区、旅游休闲街区和商圈建设，集成文化娱乐、旅游休闲、体育健身、餐饮住宿、生活便利服务，打造综合服务载体。利用重要节庆节点，顺应"国潮风""新品牌"加快崛起态势，开展"国货潮牌""中华文化"等线上展示交易销售系列活动，集聚更多优秀的信息服务技术、产品，助力打造更多具有中华文化特色、兼具"颜值"与"物超所值"的数字产品、数字文化品牌。开展面向全球的"魅力冬奥·中华品牌"在线消费交流活动。充分利用北京信息消费基础良好优势，围绕"魅力冬奥、中华品牌"主题，重点聚焦信息、文化、体育等数字化消费领域，推广和培育兼具中华文化特色与现代时尚审美的数字产品和服务，加快打造与崛起大国首都相适应的数字文化传播高地，打造数字品牌"首发首秀"传播高地。

五、组建一批重点领域产业联盟

鼓励依据产业基础和创新资源，以链主企业为主导，以商（协）会组织的

协同创新为平台，推进不同产业、技术转型升级和市场融合。探索建立一批推动生产性服务业与先进制造业融合发展的产业创新联盟、产学研用合作的产业技术联盟以及知识产权等专业服务联盟。支持联盟成员通过共同研发、科技成果产业化、融资拆借、共有品牌、专利共享、受让许可、统一营销等方式，促进产业对接、信息互通、科技共享、优势互补、实现战略协同和跨界融合发展，增强联盟辐射力，提升联盟企业的竞争力。

第四节　以改革开放驱动，推动区域服务业高质量发展

改革开放是服务业高质量发展和建设现代服务业强国的根本动力。

一、深化生产要素市场配置改革

深化土地、劳动力、资本、技术和数据要素市场的市场化改革。以盘活存量土地为重点，推动土地使用与产业结构升级相结合，提高土地利用效率。按照"自由流动、自主有序、高效公平"的原则，统筹协调好"体制内外、单位内外、核心与外围"关系，持续深化人才发展体制机制改革，创新区域人才评价与互认机制，深化区域一体化人才服务，探索区域人才一体化特区，畅通区域人才流通渠道，推动北京人才更好地服务于区域发展。充分抓住北交所成立的发展机遇，推进资本市场向市场主体多元化、层次多样化方向发展，强化金融风险防范，增加有效金融服务供给，引导资金服务实体经济。建立健全技术创新市场导向机制，让流动自主有序、配置高效公平的技术要素市场充分发挥配置创新资源、发现创新价值、激励创新主体的功能和作用。充分发挥北京数据资源优势，促进区域数据协同开放，推进区域产业数字化转型，探索共建数字园区，逐步缩小津冀地区与北京存在的"数字鸿沟"，驱动京津冀经济社会发展质量变革。

二、深化服务业"放管服"改革，放宽市场准入

长期以来，我国服务业许多领域竞争不够充分，存在着严重的行政垄断和市场管制，在金融、电信、教育、文化传媒和出版、医疗卫生、交通运输和市政公

用事业等领域尤为突出。要改变这些状况，就必须触及改革的"深水区"和改革的痛点、难点，积极推进制度创新，实行市场准入负面清单管理，逐步减少市场准入制度中不合理的规制，继续扩大服务业领域的市场准入。除极少数垄断行业及关系到国家安全和国计民生的重点服务业之外，对其他服务业应一概实施"非禁即入"的准入制度，把"竞争中性"原则落到实处，鼓励平等竞争，以开放促改革，以改革促发展，在开放竞争中提高服务业发展质量，推动服务业转型升级。

三、深化自贸区联动，推动区域协同开放

自贸试验区等重大改革开放举措为破除要素自主有序流动壁垒奠定了重要基础条件。三地已签署自贸试验区战略合作框架协议，建立了自贸试验区联席会议机制，实现了自贸试验区内57项政务服务事项"同事同标"。京津创新开展进口"提前申报+船边直提"，出口"提前申报+抵港直装"模式，提高口岸物流运作效率，降低企业通关时间和运营成本，2020年底北京关区进口整体通关时间为29.31小时、出口时间为1.44小时，比2017年底压缩了72.8%和90.6%；为相关企业要素联动、产业协作创造了条件。

要进一步强化三地自贸区联动，聚焦科技创新、数字经济等强化产业对接协作，扎实推动产业高质量发展。比如三地可以在自贸区范围内探索共建数字园区，统筹规划大数据、云计算、物联网、5G、区块链等园区新基建，统一数据交换、数据接口、开放模式、数据安全等规范和标准，打通产业链上下游企业数据通道，打通生产与金融、物流、交易市场渠道，促进全渠道、全链路供需精准对接，培育新型产业链应用生态，带动周边产业数字化、智能化、协同化发展。

四、强化合规管理，提升合规竞争力

强化合规管理已经成为企业制定和实施全球发展战略的一个决定性因素，合规已经成为我国参与全球竞争必须跨越的门槛。近年来，国家积极倡导和推进企业合规管理，加大对企业合规经营的监管力度。企业除了遵循国际通行合规监管要求、应对国际合规监管压力，知晓和遵循中国规则、遵循国内合规监管要求也日益重要。下一步，要强化服务业合规化建设，更好地规范服务业发展，配套出台系列规则体系，划定发展底线，尽快完善法律法规、管理规范、行政条例、考核体系和产业统计体系等，进一步强化对垄断的制裁、对数据安全的保护、对平

台经济的规范等，营造更加公平有序的市场环境。

第五节 以大企业辐射带动，
推动区域经济高质量发展

　　大型企业一直是首都经济的"顶梁柱"，为积极应对经济下行考验，500 强服务业企业要能顶得上、顶得住，要直面危机、主动作为，发挥好"定盘星"和"压舱石"作用，增收拓市"广开源"、降本增效"深挖潜"、深化改革"释动能"、强身健体"抗风险"，多措并举夯实稳增长根基。

　　一是引导企业综合制定"战术"，精心描绘稳增长"作战图"，采取超常措施，打好企业经营保卫战。

　　对比全国服务业 500 强企业 2021 年和 2020 年两份榜单，在北京上榜的 54 家企业中，与全国大体趋势基本一致，新冠肺炎疫情导致企业增长态势分化，增长稳中有忧。一方面，航空、商超百货等需要面对面提供服务的传统行业受冲击较大。榜单中北京企业有 13 家受新冠肺炎疫情等因素影响企业营业收入出现负增长，其中，首都旅游集团、中国国际航空、中国航空油料集团、广微控股营业收入分别下降了 57.2%、47.33%、45.9%、30.31%。另一方面，新经济发展态势较好，在引领转型升级、推动经济疫后恢复中发挥了重要作用。榜单中北京企业有 16 家营业收入同比增长超过 10%，呈现出了较好的发展态势。其中，百度、京东、软通动力、美团等互联网服务平台的快速发展，营业收入分别同比增长 78.3%、37.9%、29.3%、22.6%、17.7%。另外，传统行业中也有企业抓住了服务业数字化转型及融合发展机遇，为自身发展注入了新动能。例如，物美联合"多点"，在会员、商品、营销、营运、供应链等全面实现数字化，构建线上线下一体化全渠道购物平台，营收同比增长 29.6%。

　　结合服务业大企业所处行业、所处阶段以及面临的突出问题，引导企业围绕提质增效制订稳增长专项行动方案，盘活企业存量，激活增量，提高资源要素利用效率，挖掘现有客户深度、开拓新客户广度，创新拓展新业务，提升线上服务能力。在受到冲击较为严重的航空领域，通过包机、客机货运等方式提高利用率，摊薄固定成本；在商超百货领域，通过数字化转型、供应链提升等拓展新业务，提高服务质量提升服务能力；在数字平台领域，通过数据开放、定向赋能，提升交通出行、医药健康等领域数字企业本地黏性和竞争力。

二是助力企业搭建供需对接平台，全力以赴保产业链供应链稳定。目前全球供应链面临的最大困难是供求不平衡，各个环节的信息不透明进一步加剧了供需的不平衡。要发挥好北京信息枢纽优势，助力企业搭建综合性供需对接平台，更好地匹配供需，为客户提供物流、贸易、金融和供应链服务，加强产业链上下游对接，增强产业链供应链自主可控能力。

三是稳定大企业发展预期，避免大企业总部外迁和空心化。服务业500强企业里面，相当部分是央企和国企。在减量发展和非首都功能疏解背景下，大企业发展预期不稳，存在总部外迁[①]以及发展新业务、设立新公司优先向京外布局的现象。要进一步优化营商环境，稳定大企业发展预期，创新人才、数据等优质要素留住企业的路径。

四是发挥好大企业辐射带动作用，促进大中小企业融通发展。大企业在产业链中通常处于"链主"地位，要发挥好辐射带动作用，不断创新大中小企业合作模式[②]，为上下游企业提供质量管理、项目信息、金融服务、生产组织、商业信用等多元服务，协调解决上下游企业遇到的原料供应、物流运输等问题，稳定中小微企业的发展"基本盘"。加快构建以"链主"企业带动、单项冠军企业跟进、专精特新"小巨人"企业集聚梯次有序、融通发展的产业生态，支持"链主"企业与上下游中小微企业组成联合体参与政府采购或承接重大项目。

执笔人：刘作丽　李金亚

---

① 新组建的中国卫星网络集团、新合并成立的中国中化先后落户雄安新区，中国长江三峡集团总部迁回武汉，新合并成立的中国电气装备集团有限公司在上海正式揭牌成立，经过合并重组之后的中国船舶集团总部将搬迁至上海，中国电子信息产业集团总部迁至深圳。

② 例如，中粮集团在粮食主产区推广"粮食银行"——吸收农民手中余粮为"储蓄"，"储户"可凭"存折"随时提取、折现的新型粮食经营业务，助力农民解决收储、售粮等难题。以订单农业为引领，中粮贸易提供的收储、农事、金融等全产业链服务，近5年累计服务面积超1000万亩、累计收购粮食超1000万吨。

专题篇

第八章　促进信息服务业高质量发展的路径研究

自"十三五"以来，信息服务业是全国服务业中增速最快的产业，年均增速超过17%。从京津冀来看，在新冠肺炎疫情冲击下，信息服务业逆势快速增长，对稳定经济增长发挥了重要支撑作用。从京津冀的核心城市北京来看，信息服务业是对 GDP 贡献率最高的行业，2020 年大幅提升至 103.5%，是北京乃至京津冀区域产业数字化转型的重要支撑。

第一节　北京信息服务业发展总体概况

北京信息服务业发展全国领先。2016~2020 年，北京信息服务业增加值年均增长 16.5%，2020 年增加值达 5540.5 亿元，接近上海的 2 倍，表现出"规模领先、增速较高"的总体发展特征。2020 年，北京信息服务业增加值同比增速为 16.9%，比全国低 1.1 个百分点，比上海高 0.6 个百分点；北京信息服务业增加值占北京 GDP 的比重为 15.3%，占全国信息服务业增加值的比重为 14.6%，比上海高 7.3 个百分点。

信息服务各业态加速发展。2019 年，规模以上第三产业中，北京信息传输、软件和信息技术服务业规上法人单位营业收入 1.47 万亿元，是上海同期的 2.2 倍[①]；应交税金合计为 542.6 亿元，是上海同期的 3 倍。其中，软件和信息技术

[①]　资料来源：《上海统计年鉴 2020》中分行业规模以上服务业企业主要指标。

服务业营收为 8208 亿元，占信息传输、软件和信息技术服务业的 56%，应交税金合计为 351.3 亿元，占信息传输、软件和信息技术服务业的 65%；互联网和相关服务营收为 4962.7 亿元，占比为 33.8%；税金为 165.3 亿元，占比为 30%。细分行业收入占信息传输、软件和信息技术服务业的比重合计近 90%，税金占比近 95%。

北京信息服务业增势下滑，受平台企业整改冲击明显。2021 年上半年，北京信息服务业实现增加值超过 3500 亿元，占 GDP 比重达 18.2%，同比增长 17.2%，比上海同期高出 1.1 个百分点，比金融业、科学研究和技术服务业增速高出约 12 个百分点，对北京市服务业稳步恢复贡献突出。但随着互联网平台经济整改、在线教育调整、游戏产业规范发展等措施的实施，信息服务业增势下滑趋势明显。2021 年 6 月，受平台企业整改、2020 年基数抬升等因素影响，北京信息服务业收入增速（26.7%）与 5 月相比下滑 12.5 个百分点，二季度增加值增速（9.3%）与一季度（26.5%）相比下滑 17.2 个百分点，是 5 年来（除 2020 年一季度以外）首次季度增速低于两位数，如图 8-1 所示。

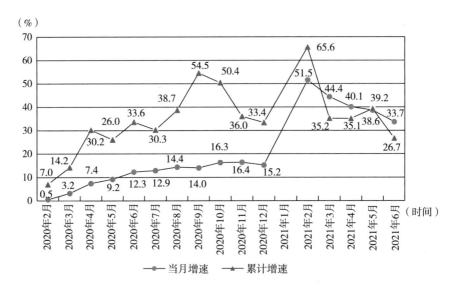

图 8-1　2020 年以来北京信息服务业收入当月和累计增速

第二节　北京信息服务业发展生态优势明显，
支撑北京市乃至京津冀区域数字化转型基础较好

北京软件业全国领先。软件业是信息服务业中研发投入最集中、创新最活跃、辐射带动作用最强的行业之一，是北京加强科技创新中心建设、数字经济标杆城市建设的基础性支撑力量。从全球发展态势来看，软件业在数字化、智能化转型深化过程中的作用突出，专利数据显示，2021 年上半年，美国发明专利中 63% 与软件相关，欧洲专利局（EPO）授权的专利中 48.9% 与软件相关，中国授权专利中 40.1% 与软件相关。北京软件业是信息服务业的最主要支撑，在全国处于领先地位。从细分行业来看，北京软件和互联网相关服务业合计占信息服务业增加值的 90% 左右，税金占比近 95%。2019 年，在规模以上第三产业中，软件业营收为 8208 亿元，占信息服务业的 56%（高出互联网相关服务业 22 个百分点）；应交税金 351.3 亿元，占信息服务业的 65%（高出互联网相关服务业 35 个百分点）。从全国来看，2020 年软件和信息技术服务业统计公报显示，北京软件业发展遥遥领先，实现营业收入 1.6 万亿元，同比增速高达 17.3%，体现"体量最大、增速最快"的总体发展特征。

北京"互联网+服务"快速发展。随着 5G、人工智能、物联网等新技术的广泛应用，北京"互联网+服务"进入快速上升通道。2021 年上半年，北京规模以上互联网数据服务①企业和互联网信息服务②企业营业收入同比分别增长 37.0% 和 31.6%，与 2020 年同期相比，增速分别提高了 15.6 个和 18.7 个百分点。在数字内容服务方面，在线教育、在线体育企业收入同比增速超 40%，在线医疗、在线娱乐、在线游戏企业收入同比增速均在 30% 左右。在移动互联网和互联网数据中心等新兴业务快速发展带动下，电信业务量保持了 20% 以上的较快增长。

北京文化与互联网科技加速融合。自新冠肺炎疫情以来，文化消费习惯改变

---

① 指以互联网技术为基础的大数据处理、云存储、云计算、云加工等服务。
② 指除基础电信运营商外，通过互联网提供在线信息、电子邮箱、数据检索、网络游戏、网上新闻、网上音乐等信息服务；不包括互联网支付、互联网基金销售、互联网保险、互联网信托和互联网消费金融，有关内容被列入相应的金融行业。

态势明显，网络视听、数字音乐、云展览等备受关注，文化产业与科技深度融合，推动北京全国文化中心加快建设。2021年上半年，"文化+互联网"①领域实现收入4615.3亿元，同比增长35.9%（两年平均增长28.6%），与上年同期相比，增速提高了14个百分点，占规模以上文化产业收入的比重达57.4%，同比提高1.6个百分点。其中，多媒体、游戏动漫和数字出版软件开发领域实现营业收入1097.9亿元，同比增长53.3%。

新基建加快布局，信息制造、信息消费等多领域发展亮点突出，但部分呈增长放缓态势。从新基建来看，2021年上半年，北京新基建投资同比增长34.6%，高于北京市投资25.4个百分点，占北京市固定资产投资的比重为9.4%，同比提高1.8个百分点，5G建设、车联网、数据中心等领域加快布局。从信息制造来看，自2015年以来，规模以上计算机、通信和其他电子设备制造业总产值平稳增长，占规模以上工业总产值的比重近13%。2021年7月，计算机、通信和其他电子设备制造业同比增长3.0%，2021年1~7月累计同比增长22.2%，但与一季度同比增速相比下滑了9.3个百分点，与上半年累计增速相比下滑了3.5个百分点，增幅收窄态势明显。从信息消费来看，2021年上半年，在限额以上批发和零售业商品类值中，北京通信器材类商品实现零售额为941.4亿元，同比增长31.3%，两年平均增速33.7%，高居两年平均增速超10%商品类目第二位（仅次于饮料类商品的47.9%）。但从2021年1~7月累计增速看，通信器材类商品增速降低了7个百分点，呈增长放缓态势。

第三节　北京信息服务业发展面临的问题

一、核心硬件软件国产化替代尚处于起步阶段，技术标准难统一

技术标准是构建万物互联、智能联动的底层技术基础。长期以来，由于过度依赖国外标准体系，本土标准缺失成为信息产业转型提升的关键短板，难以实现

---

①　具体包括文化产业中的互联网搜索服务、互联网其他信息服务、互联网游戏服务、互联网广告服务、互联网文化娱乐平台、动漫和游戏数字内容服务以及多媒体、游戏动漫和数字出版软件开发7个领域小类。

数据端口标准和软硬技术标准统一。实践中，标准的统一不但涉及标准的设计制定、知识产权保护等方面，更在于标准的广泛使用与互信认证，才能有效推动信息技术对其他行业的高渗透、广覆盖，形成技术标准的庞大应用生态，筑牢标准的"护城河"。在此方面，需要充分发挥相关政策的引导作用。

从核心硬件来看，2018年全样本企业增值税发票大数据分析发现，北京移动通信核心元器件、液力动力机械及元件制造等核心元器件仍未显示营收，机械化、自动化、智能化的底层技术支撑力薄弱，检测、传送、变送等与美国、欧洲、日本差距显著，长期以来核心硬件主要依赖进口。例如，美国的仪器仪表检测系统产值只占美国工业的4%，但60%的工业运转都应用了这些高精尖设备系统，有力支撑了美国工业自动化。这方面我国跟美国、欧洲、日本的差距比在芯片方面的差距还大，若无突破，物联网就无法形成，产业互联网就丧失了发展基础，难以形成应用场景。近2~3年，核心零部件的国产化进程加快①，但不同硬件的标准对接与硬件软件的协同仍处于起步打磨阶段，若不提前规划部署提升"标准的标准"② 这一战略能力，将导致智能制造和工业互联网等关键领域再次与发达国家拉开差距，延误话语权确立先机，迟滞国产替代进程。

从核心软件来看，北京在部分领域已涌现一批龙头企业，但总体竞争力依然薄弱。在体现核心技术和标准体系的基础软件和工业软件领域，标杆企业主要来自美国。如在集成电路电子设计自动化（Electronic Design Automation，EDA）软件方面，北京华大九天是国内规模最大、技术创新能力最强的企业，从市场占有率来看，与杭州广立微电子、苏州芯禾科技3家合计约占中国市场的10%，与在中国市场占有率达85%、全球市场占有率70%的美国新思科技（Synopsys）、铿腾、明导等国际巨头相比，差距巨大。在（计算机辅助技术，Computer Aided Design，CAD）软件方面，北京市龙头企业北京数码大方与广州中望龙腾软件、山东山大华天软件3家合计仅占国内市场份额的10%，与中国市场占有率达90%以上的美国参数技术公司（PTC）、美国欧特克、法国达索、德国西门子等国际巨头差距巨大。软件业的发展差距导致核心技术和标准体系方面的巨大差距，成

---

① 以集成电路为例，2020年数字化核心硬件集成电路贸易逆差为60亿美元左右，但进口单价为出口单价的78%，进出口单价差（出口-进口）较2019年提高2.7%，表明集成电路整体实力有所提升。

② Standard of Standards，指在多种适用的工业标准的基础上，为特定细分行业服务的综合性应用标准，往往不是由某个正式或官方的标准化组织发布和操作，而是由最终用户根据需要发起，并为此建立或委托非官方组织开展相关标准化活动。

为软硬一体化协同与产业生态打造的基础性制约。

二、数据资源丰富多元，但共享流通应用进度亟待加快

在数字化转型背景下，采集并用足、用好经济、社会、城市运行各方面的数据"活水"，形成信息技术与各领域的广泛数据联动和双向反馈，是增强经济活力、扩大经济增长空间的关键要素基础。北京数据资源优势得天独厚，拥有全国规模最大、类型最多、层级最高的数据资源①，但数据要素市场化改革亟待加快步伐。

体制内，数据开放与准入方面的体制机制改革是关键。从数据资源规模来看，掌握在各级政府部门、科研院所、行业协会、央企、国企手中的数据约占数据总量的 80%，条块分割导致"数据割据"严重。开放数据既涉及中央与地方资源的对接，又涉及同一行政层级之间的数据场景开放准入与体制机制变革。仅以医疗领域结算环节为例，北京当前共计 1700 余万医保参保人口规模，医保基金年度资金规模约 2100 亿元，面临庞大医疗付费需求。这一环节的数字化转型与场景落地在信息技术方面已具备良好基础，但还涉及卫生健康委员会、医疗保险、大数据及医疗机构等部门与金融机构在资源共用、信息共享、系统共建、风险共担等方面的高度协同，涉及相关政务部门在场景开放、数据开放等方面的准入与体制机制变革②，当前推动进程与上海、浙江等省份相比明显滞后，制约了数字金融市场的有效扩大。

体制外，企业数字化转型进程亟待加快。当前，大中小企业间产业数字化发展不平衡不充分问题比较突出。在传统产业中，多数企业对数据的应用还处于起步阶段，受限于人才、资金等约束，数字化水平低，网络化、智能化基础薄弱，未能构建覆盖全流程、全产业链、全生命周期的产业数据链，数字化转型成本

---

① 作为我国中央部委、央企和民企总部聚集地，北京云集了世界 500 强最多的企业总部或区域总部，是国家金融管理中心、世界商务数据枢纽城市，汇聚了国内最丰富优质的政务、科研和商业数据资源。

② 一是在数据开放方面，需要北京市医保局提供医保参保实时数据，系统对接后需要实时查询反馈客户医保参保地及参保状态，开放医保在线支付能力；需要其他政府部门（包括但不限于人社局、公积金管理中心等）或国有单位、第三方机构提供数据支持，包括但不限于社保缴存信息、住房公积金缴存信息、税务信息信用分、身份信息等数据，以便信用额度审批并协助建立失信惩戒措施。二是在场景开放方面，需要协调提供政府政务平台及医院互联网平台（微信小程序、公众号等）作为金融创新产品和服务入口，实现从挂号、就诊、住院支付的全流程的便民服务体验。三是在业务授权方面，如尝试推行无感支付，需北京市医保局提供医保免密代扣能力，在此基础上银行机构才可提供信用无感支付能力。

高、风险大①。而龙头企业仍以内部综合集成为主入口开发建设消费互联网、工业互联网，平台针对用户、数据、生产服务能力等资源社会化开放的程度仍然不高，在数据确权、价值分配、安全流动方面仍然突破较慢，亟待加快数据要素市场培育。

三、信息技术开源与信息产业开放融合加快推进，但适应双循环新格局的数字产业生态圈打造仍处探索阶段

在数字化时代，全球产业分工模式加快变革，信息技术开源和产业开放彼此衔接、相互支撑，在全球范围内构建全产业链合作模式和无边界产业生态圈，形成畅联全球的数字产业链。以开源技术和工业互联网平台为依托，产业分工体系更紧密高效，分工链条更长、更广，相对而言，经济增长的空间和潜力更大。

北京已成长出具有一定影响力的开源平台和开源主体，但主要集中在互联网应用领域和内循环链接方面，面向全球的开源创新生态亟待加快培育。开源平台是软件、硬件、数据等多种信息技术开源项目形态的综合集成载体，是数字领域最高效的创新协作。开源无国界，但开源平台的运营主体有国界②。2020 年，工业和信息化部等部门联合开源中国建设中国独立开源平台 Gitee，现已成长为国内最大、全球仅次于美国 GitHub 的源代码托管平台，为中国开发者提供自主稳定保障，但总体来看，开源项目活跃度和影响力与 GitHub 相比仍有较大差距③。就北京而言，从对全球性开源平台贡献来看，2020 年 GitHub 开源贡献厂商排名显示，中国进入前十榜单的仅华为 1 家，北京无 1 家（浙江阿里巴巴排第 15 位，深圳腾讯排第 24 位）。从行业开源进程来看，开源主体主要集中在互联网应用领域，电信等基础行业开源目前仍处探索阶段。2020 年开发者对中国企业开源贡献认可度排行前十榜单显示，百度（8%）、字节跳动（2.4%）、360（0.6%）、

---

① 一是内部数据资源散落在各个业务系统中，企业内部无法顺利互联互通；二是企业对外部的数据融合度不高，产业不同环节对数据的采集与应用相对封闭，设计、管理、生产、销售、库存等不同维度的数据信息难互通，形成了企业与行业内部的数据孤岛。

② 当前，世界最大代码托管平台 GitHub 由美国微软收购，需遵守美国出口管控条例。中国信通院《开源生态白皮书》显示，截至 2020 年，全球开源项目数量超 2 亿个，我国开源项目呈爆发式增长，在 GitHub 的开源贡献者数量增长 37%，位居全球第二，仅次于美国。

③ GitHub 在全球拥有超过 1 亿个存储库、3000 万开发人员。Gitee 平台上的开发者超过了 600 万，代码仓库超过了 1500 万，企业客户超过了 18 万，高校超过了 3200 所，已经是全球用户量第二大的代码托管平台（查询时间：2021 年 11 月 23 日）。

小米（1%）占了四席，但贡献认可度远远低于位列第一的阿里巴巴（56.7%）、位列第二的华为（18.6%）。其中，百度打造的飞桨在2021年上半年中国深度学习平台市场中综合份额跃居第一，在全球市场与美国谷歌、脸书三足鼎立，但主要面向产业的智能化应用，市场范围以国内用户为主，对构建面向全球的跨界产业生态圈贯通作用仍然有限①。

工业互联网高端服务领先全国，但应用场景支撑不足，连接贯通双循环作用发挥难度较大。工业互联网作为新一代信息技术与产业系统深度融合所形成的产业和应用生态，有利于构建覆盖全产业链、全价值链的制造和服务体系，为产业数字化、网络化、智能化、融合化发展提供实现途径。北京工业互联网发展高端化特色鲜明，已建成工业互联网标识解析国家顶级节点，能面向全国范围提供顶级标识解析、标识备案、标识认证等服务管理能力，并承担国际根节点与二级节点之间承上启下、互相连通职能，贯通双循环潜力巨大。但《中国工业互联网产业经济发展白皮书（2021年）》测算显示，2020年，北京工业互联网产业增加值规模（不足1500亿元）在全国居第12位，比上海低3个位次，与分列第一的广东（4042.8亿元）和第二的江苏（3755.5亿元）差距较大。在区域层面，京津冀工业互联网产业增加值为3111亿元，仅为长三角的35%、珠三角的77%，区域工业互联网发展仍不活跃②。总体来看，在内循环方面，当前全国工业互联网发展优势主要集中于下游应用场景，上游基础网络层、中游平台层由于核心硬件、软件操作系统短板，相关业务发展受限。不同于长三角、珠三角，北京由于本地制造业占比下降，导致工业互联网应用场景支撑不足，工业互联网增加值扩大空间受限。并且目前全国工业互联网行业集中度较低，在全球600家的工业互联网平台中，中国占500家，相互之间互联难度大。在外循环方面，工业互联网作为云计算的一大应用分支，全球市场已经形成了以SaaS软件（软件即服务③）主导的寡头竞争格局，国际巨头已经占据了较为领先的位置、构建起庞大的生态

---

① 一个深度学习框架一旦像Hadoop那样成为事实工业标准，就占据了人工智能各种关键应用的入口，对各类垂直应用，基于私有部署的技术服务，公有云上的AI服务业务，甚至底层专用硬件市场都有举足轻重的影响。其角色类似互联网时代的浏览器，移动互联网时代的安卓操作系统。目前，全球范围内，大公司出品的知名学习框架有Google的TensorFlow、微软CNTK、Amazon的MxNet、Facebook的Caffe2和PyTorch、国内百度的PaddlePaddle等。

② 2021年9月6日，《京津冀工业互联网协同发展白皮书》发布，将以产业龙头企业为核心，开展多层次、多类别、多形式的跨区域协作，重点打造制造业数字化转型示范区和产业集群，加速构建京津冀协同创新网络，进一步夯实京津冀工业互联网发展高地地位。

③ 使用SaaS产品时，其运行和管理皆由服务提供商负责，只需要考虑怎样使用终端用户应用程序。

体系；国内市场则主要围绕算力发展，在云计算的细分构成中，IaaS①（基础设施即服务）不仅一家独大，而且比例还在逐年提高，与全球市场相比仍处于初步部署阶段，亟待在工业软件、数字产业链跨平台全流程无缝交互等方面加快突破。

此外，数字产业链的国际治理参与方面仍处于起步阶段。由发达国家主导制定的知识产权保护、市场准入壁垒、技术标准规则、贸易规制规则等对信息产业走向国际形成"发展壁垒"。并且，由于与经济、民生等领域的天然高关联性，信息产业在数据开放、安全管理、标准统一等方面，面临更严峻挑战。在企业主体力量方面，不同于欧美大型信息企业，中国诸多企业之间相互封闭、互相排斥，缺乏互相开放的合作共赢机制，难以共同出海，在全球市场获得更大生存和发展空间，为世界网络安全和有序治理提供中国方案和中国选择。北京作为全国信息产业发展的龙头，加快破局责无旁贷。

第四节　促进高质量发展的相关路径

一、促进平台企业规范健康持续发展

一是率先建立综合监管体系。积极争取在京开展平台企业合规经营试点，建立北京市统一的平台经济监管信息化平台，加强平台企业在线闭环监管和监测预警服务，"一企一策"帮助企业解决实际问题。

二是有效降低平台企业资金链断裂风险。推动市区两级国资基金通过股权投资、并购重组等方式布局交通出行、社区服务等平台企业，支持北京市S基金参与平台企业私募股权份额转让，缓解资本退出压力。分类做好企业上市辅导，加强对计划上市合规平台企业"一对一"上市辅导。

三是加强中小微平台企业孵化平台建设。针对中小微企业面临的发展风险，围绕文化、科技、商务服务等符合首都核心功能和数字经济标杆城市的重点领

---

① IaaS（基础设施即服务）通常包括服务器/虚拟机、磁盘柜、计算机网络、机房基础设施等IT资源。

域，建设面向未来平台经济的孵化器、加速器等众创空间，探索设立未来产业天使投资基金、创业投资基金，引导社会资本投入未来产业发展，为中小微企业做好资金与创新孵化服务，助力优秀科创孵化平台发展壮大。

四是加大开放创新应用场景。把握好平台企业转型、新服务新业态创新的窗口机遇期，完善构建平台企业应用场景所需基础设施，加强云计算中心、物联网设施、个人终端设备建设和推广，在城市交通、医疗、商业、重大体育赛事、文化活动等重点领域中加大开放应用场景，带动新技术新产品新模式跨界融合创新和上下游产业链企业衍生汇聚，孕育更多成长性高的科创型平台企业。

二、着力推动"高水平科技自立自强"工程

一是做强软件研发。在全球软件专利授权前 15 名中，国内仅华为 1 家。要加快推动科技创新型平台建设，发挥好百度飞桨等开源平台、开放原子开源基金会等开源社区，提高软件行业协作效率，打造开源软件发展良好生态，加强知识产权保护。

二是支持专精特新"小巨人"企业创新发展。当前，北京部分高精尖企业必需的芯片并非国内不具备生产能力，而是所需产量不足一条产线，在国内找不到相应供应。要加快健全"专精特新"中小企业、专精特新"小巨人"企业和制造业单项冠军企业梯度培育体系、标准体系和评价机制，引导中小企业走"专精特新"之路，为产业链提供更稳定更可控的配套。

三是发挥企业技术创新主体作用。加快构建龙头企业牵头、高校院所支撑、各创新主体相互协同的创新联合体。落实好创业担保贷款及贴息政策，完善金融支持创新体系。

三、从供需两端深化改革入手，加大力度挖掘"数据红利"

对体制内数据资源，在供给端要以深化政务资源的数字化改革为抓手撬动公共数据的开放共享，赋能经济发展和超大城市治理的数字化、智慧化转型；在需求端要顺应民众所需，加快重点场景的开放应用。对体制外数据资源，在供给端要继续推进企业数字化转型，做大数据规模；在需求端，要以北京国际大数据交易所建设为抓手，推动国际国内高端数据要素汇聚流通，做大可信安全稳定数据供给池，推动"数商"生态发育繁荣，持续织牢数据安全"防护网"。

一是加快启动一体化公共数字资源系统建设。深化落实《"十四五"推进国

家政务信息化规划》，在目录链体系建设基础上，基于统一标准，对北京市政务系统的信息化基础设施、公共数据、应用系统、算法组件等多维度数字资源进行全面盘点、分类编目，形成公共数字资源的智能化"总账本"，推动组件共建共享、应用统筹协调、数据高效调用，为政务资源全方面各领域数字化改革夯实底座、奠定基础。

二是推动公共数据重点场景开放应用。推动开放范围由政务服务向城市生活、未来社区、数字乡村等领域延伸，聚焦气象、卫生健康、交通出行、文化旅游等影响市民体验的关键高频场景，加快探索以特定开放、签约开放等多元化方式，论证推进北京政务数据向深耕北京的信息企业开放，增强存量企业的本地黏性，提高对优质增量企业资源的吸引力和集聚力。推动产业园区大数据平台接入市级公共数字资源系统，在公共服务、安防防控、产业发展、城市治理等方面，建立标准统一的开放数据端口，定点、定向开放数据，形成园区与周边区域高精度、实时数据共享和互联互通，促进公共数据的开发利用。

三是深入推进"上云用数赋智"。加大政府购买工业互联诊断服务力度（相比资金补贴、贴息贷款等政策工具，直接免去需求方的试水投入，并有效促进供需双方对接），更大力度撬动产业数字化、自动化、智能化转型升级服务需求。鉴于工业互联服务类企业轻资产特性，在优惠政策支持、场景应用招标等项目中，适当减少对固定资产占比要求，更大力度集聚吸引企业，培育丰富服务生态。支持产业园区自建或与研发机构、领军企业、联盟协会等共同打造中小企业数字化转型公共服务平台，带动中小企业数字化转型。

四是加快促进数据要素交易流通。在商业领域，以北京国际大数据交易所建设为抓手，充分发挥国企的龙头带动作用，针对金融、电力、能源、水务、粮食、贸易、科技等战略性、高价值数据资源，以"不合规不挂牌，无场景不交易"为原则，做大商业数据可信安全稳定供给池。尤其要重点对接服务好央企等中央机构，促进关键数据资源在京汇聚流通，服务国家战略性核心资源安全管理调度，提升北京数据交易市场能级与全国数据资源调配规模占比[①]，畅通数据内循环。尽快探索试点基于"有限比例原则"（投入与回报成比例，数据权利的范围和大小与保护的价值和重要性成比例）等数据确权策略，推动数据经纪、合规

---

① 2020 年，美国数据交易量高达 2700 亿美元，中国约为 545 亿元。在美国，纽约单座城市对数据的调配已占全美的 70%。

审核、资产评估、数据交付等"数商"生态发育繁荣，促进数据要素在更多行业的融通应用。依托北京国际大数据交易所与数字贸易港建设，通过软件服务、生物医药外包等北京有优势、全球有需求、性质更中性的数字贸易实践，充分利用自贸区先行先试权利，围绕RCEP（《区域全面经济伙伴关系协定》）和CPT-PP（《全面与进步跨太平洋伙伴关系协定》）框架下的跨境数据流动规则，做实做细跨境数据分级分类，探索推动数据跨境流通交易，畅通数据流通外循环。

五是持续织牢数据安全"防护网"。加快完善数字知识产权保护制度，促进在人脸识别、互联网金融、人工智能等数字化典型应用场景的安保技术研发创新与知识产权保护。对于不同规模、不同类型的数据企业，加快研究分级精准监管，对涉及用户个人信息处理、数据跨境流动，尤其涉及国家和社会公共利益的数据开发行为，必须强化数据安全监管，建立健全数据安全预警、泄露通报机制，加强基于数据全生命周期基础上的动态监管。

四、进一步打造数字化转型发展良好生态

一是落实好降成本重点工作。降低中小企业宽带和专线平均资费，引导平台企业降低不合理收费和佣金。

二是落实好集成电路和软件等重点行业及高新技术企业税收优惠政策。

三是加快推进安可替代。发挥政府和国有企业采购订单等牵引作用，深入推进关键信息基础设施安全可控应用示范，加快推进安可替代工程，加强产业链上下游对接，增强产业链供应链自主可控能力。

四是大力发展数字经济、生物经济、北斗产业，加快建设5G和千兆光网，丰富面向产业的商业应用场景。

五是依托北京国际大数据交易所建设，通过授权许可、公开征集开放应用试点项目等方式，探索公共部门供数、资质数商开发、交易所挂牌上架、企业进场购买的数据赋能标准流程，推动公共数据资源供需对接，加大在金融、信息与文化领域的场景应用。

执笔人：常　艳

参考文献

［1］江小涓，孟丽君．内循环为主、外循环赋能与更高水平双循环——国际经验与中国实践［J］．管理世界，2021，37（01）：1-19.

第九章　促进金融科技高质量发展的路径研究

当前全球迎来了新一轮的科技革命，各项新技术对全球经济以及人类生活都产生了深远的影响。金融科技作为科技驱动的金融创新，已经成为全球金融领域竞争与合作的焦点。本章介绍了金融科技的概况，全球、全国的金融科技发展情况，梳理了北京金融科技发展的现状、优势及存在的问题，并提出了北京金融科技发展的建议。

第一节　金融科技概况

金融科技（Fintech）的概念最早由花旗银行于 1993 年提出，由 Finance（金融）和 Technology（科技）两个单词合成。按照全球金融系统监控协调机构——金融稳定理事会（FSB）的定义，金融科技是指技术带来的金融创新，它能创造新的业务模式、应用、流程和产品，从而能够对金融市场、金融机构或金融服务的提供方式造成巨大影响。金融科技包括互联技术（移动互联与物联网）、分布式技术（云计算与区块链）、大数据、人工智能和信息安全等。

一、金融科技发展处于金融智能化阶段

全球金融科技产业兴起于 20 世纪 80 年代，发展历程可以分为三个阶段，目前正处于第三阶段。

第一个阶段为金融信息化阶段（金融科技 1.0）。金融企业通过传统 IT 软硬

件来辅助办公、办理业务，实现办公和业务的电子化与自动化，大幅提高了工作效率，降低了成本。在此阶段，传统 IT 并没有直接参与到金融业务中来，只是在业务流程中起到了电子化的作用，是金融系统内部的一个成本部门。金融信息化实现了金融与电子信息技术的初步融合，银行卡、ATM、证券无纸化都是该阶段的产物。

第二个阶段为互联网金融阶段（金融科技 2.0）。21 世纪初，互联网快速发展，金融机构基于互联网技术开展金融业务，通过互联网搭建在线业务平台，金融服务从线下转到线上，在线上实现资金融通、支付、投资和信息中介等服务，极大地丰富了金融服务的触及范围和应用场景。金融科技 2.0 是对传统金融渠道的变革，实现了信息共享和业务融合，代表性技术包含移动支付、互联网的基金销售、P2P 网络借贷、互联网银行、互联网等。

第三个阶段为金融智能化阶段（金融科技 3.0）。自 2011 年以来，金融机构将大数据、人工智能、云计算、区块链等新兴技术用于金融信息采集、风险定价模型、投资决策、资产配置以及信用评级等，大幅提高了传统金融的效率，解决了传统金融的痛点，改变了传统金融服务方式。代表技术包括大数据征信、智能投顾、供应链金融等。

二、金融科技核心技术

金融与科技融合如图 9-1 所示。

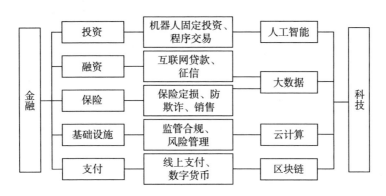

图 9-1　金融与科技融合

（一）大数据

大数据可以为银行、证券、保险等行业提供从数据采集与挖掘、存储、分析等全流程的解决方案。在大数据的飞速发展影响下，金融机构积累了大量的数据资产，但是目前这些数据尚未能够实现集中分析。随着我国金融行业和大数据技术的发展，金融行业对大数据的需求将越来越大，金融机构将越来越重视数据资产。国家工业信息安全发展研究中心发布的《2019 中国大数据产业发展报告》显示，2019 年中国大数据产业规模达 8500 亿元。

（二）人工智能

人工智能（AI）处于飞速发展期，目前已经从计算智能、感知智能发展到认知智能阶段，包括图像识别、语言识别、自然语言处理、机器学习、知识图谱等。随着人工智能商用的不断成熟，金融业务也在与人工智能不断融合发展，催生了智能营销、智能风控、智能客服、智能运营、智能投顾、智能投研等一系列金融智能化应用。人脸识别、OCR 光学字符识别、图像识别等人工智能技术的应用极大地节省了人力资源，提高了运行效率，改善了用户体验。目前金融智能化已经从降本增效为核心向提高客户满意度方向演进。根据艾瑞咨询，预计 2022年金融科技投资中，人工智能投入将达 580 亿元。

（三）云计算

云计算是分布式计算的一种，云计算通过网络"云"将巨大的数据计算处理程序分解成无数个小程序，然后通过多部服务器组成的系统对各个小程序进行处理和分析，得到结果后再返回给用户。云计算可以在很短的时间内完成对数以万计的数据的处理，降低各行业信息化准入门槛，提高了资源的运用效率。金融科技的发展依赖于云计算技术，云计算技术已经是金融科技开展业务创新的重要基础设施。

根据中国信通院发布的《金融行业云计算技术调查报告（2018）》，国内近九成金融机构已经或计划采用与计算技术，近 1/3 已经使用云计算技术的金融机构部署了小规模以上的虚拟服务器。在已经使用云计算技术的 161 家金融机构中，12.5% 的金融机构已经实现大规模部署，部署虚拟服务器的数量在 1000 个以上；19.2% 的金融机构部署虚拟服务器数量在 500~1000 台。IDC《中国金融云市场跟踪》报告显示，2019 年中国金融云市场规模达 33.4 亿美元。

（四）区块链

区块链是一种分布式数据库技术，是一种数字化、去中心化、分布式、透明的大型网络账本。区块链底层技术的创新和产业应用是金融领域关注的重点。一些国家已经应用了区块链技术发布了本国的数字货币，我国一些金融机构也建立了区块链平台，正在数字票据交易、支付清算、跨境贸易、电子凭证存证、信用证交易、金融监管以及供应链金融等场景积极探索应用。据 IDC《全球半年度区块链支出指南》，2018 年中国区块链市场支出规模达 1.6 亿美元。

第二节　全球金融科技呈现蓬勃发展态势

一、全球金融科技投资日渐活跃

2015~2019 年，全球金融科技投融资金额从 649 亿美元增至 1503 亿美元，年均增速达 23.4%，投融资数量从 2123 笔增至 3286 笔。2021 年上半年，全球金融科技主要投资交易项目达 2456 宗，总成交额达 980 亿美元，较 2020 年下半年增长 12.64%。其中，全球风险投资超过 520 亿美元，仅半年就几乎追平 2018 年的年度风投总额（540 亿美元）；私募股权公司在金融科技产业的投资额为 50 亿美元（2018 年全年投资额 47 亿美元）；跨国并购交易额急剧上升，仅 2021 年上半年就达 277 亿美元，远超 2020 年全年的 103 亿美元。

分国家来看，美国金融科技发展水平远超过其他国家，2020 年美国在全球金融科技公司融资金额和数量上一骑绝尘（见图 9-2、图 9-3）。中国在融资笔数上位于全球第二位，融资金额低于美国和英国。

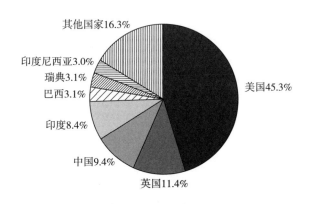

图 9-2　2020 年全球金融科技融资金额分布

资料来源：零壹智库。

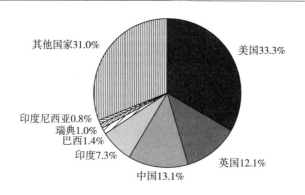

图 9-3 2020 年全球金融科技融资笔数分布

资料来源：零壹智库。

二、国际金融机构纷纷加大金融科技研发，多集中于财富管理、支付、保险等领域

近年来，国际各大金融机构也纷纷运用金融科技实现降本增效，应对市场竞争（见表 9-1），对信息技术投入及 IT 投入也不断增长（见图 9-4）。2019 年全球大部分金融机构 IT 投入占利润比重均高于 25%。比重最高的为瑞银集团，2019 年瑞银集团净利润为 43.1 亿美元，而 IT 投入为 35 亿美元，IT 投入占利润比高达 81.2%，重点布局云技术、机器人、人工智能等领域（见表 9-2）。

表 9-1 部分金融机构科技创新战略布局

公司名称	战略内容
摩根大通	提出数字化转型战略，同时扩大技术投资，与美国金融服务创新中心联合建立实验室，建立金融科技园，引进科技人才
美国银行	先后推出"Keep the Change"，创新服务、开发 PRIAM 人工智能交易预测系统，通过 Erica 开发 AI 智能助手，提升数字银行业务体验
富国银行	提出"小型化、广泛化、社区化、智能化与线上线下一体化"的"五化"策略，积极拥抱新兴技术
花旗银行	2020 年展望报告中将金融科技列为未来重点趋势，确定了数据分析、数据货币化、移动支付、安全认真、新兴 IT 和下一代金融科技服务六个创新领域
瑞银银行	将"创新与数字化"作为其优先发展的重要战略，研发智能投顾平台 Smart Wealth，与 Broadridge 合作开发财富管理平台，迎战科技创新

续表

公司名称	战略内容
摩根士丹利	提出通过数据驱动、金融科技生态实现财富管理转型的金融科技战略，通过 Fintech Summit 等方式探讨资本市场和证券、银行和支付、投资和财富管理等领域跨界合作机会
道富银行	确立了以科技领先和全球化服务作为核心竞争力的战略目标，加大信息系统建设，启动 Beacon 计划，对业务链条进行全面数字化改造，发挥托管业务规模效应，建立了全球托管业务体系
高盛集团	成立数字消费金融业务 Marcus，开发数字先进管理支付平台，通过打造多层次的数字财富管理业务布局金融科技

资料来源：中国信通院。

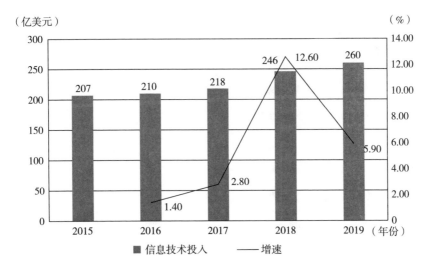

图 9-4 2015~2019 年部分国际金融机构信息技术投入金额与增速

资料来源：中国信通院。

表 9-2 部分金融机构 IT 投入与所占净利润比 单位:%

公司名称	IT 投入与所占净利润比
瑞银集团	81.2
道富银行	65.3
花旗银行	48.3
美国银行	38.8
摩根大通	27.0

续表

公司名称	IT 投入与所占净利润比
摩根士丹利	23.8
富国银行	13.8
高盛集团	13.8

资料来源：中国信通院。

财富管理、支付、保险等领域是金融科技创新企业的集聚地。据福布斯公布的 2020 年金融科技 50 强榜单，其中，个人财富管理企业数量为 12 家，支付领域企业数量为 9 家，保险领域企业数量为 8 家，三个领域企业总数占 50 强企业的近 60%（见图 9-5）。

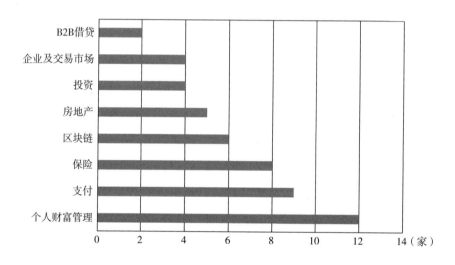

图 9-5　2020 年福布斯金融科技 50 强行业分布

资料来源：福布斯。

三、中国城市金融科技排名位居全球前列

近年来，中国金融业发展势头不减，已经形成长三角城市群、京津冀城市群、粤港澳大湾区三大世界级金融科技聚集地，上海、香港、北京、深圳等城市位列全球金融中心前十（见表 9-3）。

表 9-3　GFCI 第 29 期全球金融中心排名及得分

	排名	得分	上期排名
伦敦	1	764	1
纽约	2	743	2
上海	3	742	3
香港	4	741	5
新加坡	5	740	6
北京	6	737	7
东京	7	736	4
深圳	8	731	9
法兰克福	9	727	16
苏黎世	10	720	10
广州	22	706	21
杭州	108	501	109
天津	110	492	108
南京	113	484	89

资料来源：第 29 期《全球金融中心指数》报告。

在金融科技领域，中国城市发展相对较好。2021 年 3 月 17 日最新发布的第 29 期全球金融中心指数（GFCI）排名中，上海、香港、北京、深圳进入全球前十名（见表 9-4）。《2020 全球金融科技发展报告》认为全球 8 个金融科技中心中国占据 4 席①。

表 9-4　GFCI 第 29 期全球金融科技中心排名及得分

	排名	得分	上期排名
纽约	1	731	1
上海	2	722	3
北京	3	719	2
深圳	4	716	5
伦敦	5	712	4

① 全球 8 个金融科技中心分别是上海、北京、深圳、杭州、旧金山、纽约、伦敦、芝加哥。

续表

	排名	得分	上期排名
香港	6	711	6
新加坡	7	710	6
洛杉矶	8	692	12
旧金山	9	691	7
特拉维夫	10	688	新
广州	11	684	8
杭州	97	516	99
天津	100	512	59
南京	104	497	60

资料来源：第 29 期《全球金融中心指数》报告。

第三节　发展金融科技是经济高质量发展的必由之路

我国已进入高质量发展阶段，金融业拼规模的老路已经不适应发展要求，亟须转向科技驱动发展的新方式。相比于美国等发达国家成熟的金融服务与完备的金融体系，中国金融服务的供给不足，部分监管环境模糊，这给金融科技类公司制造了发展条件，模式创新、普惠金融等在中国的发展十分之迅速。

一、中国金融科技发展有序推进

2017 年 5 月，中国人民银行成立"金融科技委员会"，定位于"金融科技工作的研究、规划与统筹协调"，标志着金融科技行业迎来监管层面的重要支持与规范。同年 7 月，国务院印发《新一代人工智能发展规划》专门提出了"智能金融"的发展要求，12 月，工业和信息化部印发《促进新一代人工智能产业发展三年行动计划（2018-2020 年）》，将"金融"列为智能产品应用的重要方向之一。2019 年 8 月中国人民银行发布《金融科技（FinTech）发展规划（2019-2021 年）》，首次从国家层面对金融科技作出全局性的规划。2020 年 6 月，证监会成立科技监管局，履行证券期货行业金融科技发展与监管相关的八大职能。

二、中国金融科技市场多依靠央行、大型互联网公司"自上而下"带动发展

央行带头发起多家金融科技子公司，引领金融科技行业发展。截至目前，央行共计在北京、苏州、深圳三市设立三家金融科技子公司（见表9-5），在重大共性技术研发、重大创新应用突破及核心标准制定等方面优势明显。

表9-5 央行金融科技子公司布局情况

成立时间	名称	注册地
2018 年 6 月	深圳金融科技有限公司	深圳
2019 年 3 月	长三角金融科技有限公司	苏州
2020 年 7 月	成方金融科技有限公司	北京

资料来源：根据互联网消息汇总所得。

随着金融监管不断加强，大型互联网公司也逐渐从提供互联网金融服务到提供解决方案和技术支持转型，互联网企业在科技前沿技术领域深耕多年，优势明显，中国金融科技独角兽企业多与互联网公司有关（见表9-6）。

表9-6 2020 年中国金融科技独角兽企业情况　　　　　　单位：亿元

公司	经营领域	估值	成立年份	所属城市
蚂蚁集团	平台	10000	2014	杭州
陆金所	平台	2700	2011	上海
微众银行	信贷	1500	2014	深圳
京东数科	平台	1300	2013	北京
苏宁金服	平台	500	2006	上海
万得	资讯、软件	300	2005	上海
银联商务	支付	200	2002	上海
度小满金融	平台	200	2018	北京
连连数字	支付、清算	140	2009	杭州
PingPong	境内、跨境支付	140	2015	杭州
WeLab	消费信贷	100	2013	香港
空中云汇	跨境支付	70	2016	深圳
岩心科技	消费信贷	70	2015	深圳
易生金服	支付	70	2011	北京
联易融	供应链金融	70	2016	深圳

公司	经营领域	估值	成立年份	所属城市
水滴	众筹	70	2016	北京
挖财	基金销售	70	2009	北京
中关村科金	消费金融、软件	70	2007	北京

资料来源：胡润研究院。

三、银行业持续加大科技投入，金融科技赋能业务成效显著

在继续深化与外部科技企业合作的基础上，各大银行也在通过自身力量构建金融科技核心竞争力（见表9-7）。其中国有银行是金融科技的中坚力量，2020年，六家国有银行在金融科技领域总计投入金额为957亿元，比2019年增加240亿元，同比增长33%，投入的资金已经接近整个银行业的一半规模；除邮政储蓄银行金融科技投入占营收比重达3.15%外，其余各家均在2.7%~3.0%。

表9-7　银行成立金融科技公司情况　　　　　　　　单位：亿元

注册时间	银行	金融科技子公司	2020年金融科技投入
2015年11月	兴业银行	兴业数金	48.55
2015年12月	平安集团	金融壹账通	46.82
2016年2月	招商银行	招银云创	119.12
2015年12月	光大银行	光大科技	51.50
2018年4月	建设银行	建信金科	221.09
2018年4月	民生银行	民生科技	37.02
2018年5月	华夏银行	龙盈智达	29.20
2019年3月	工商银行	工银科技	238.19
2019年5月	北京银行	北银金科	22.00
2019年6月	中国银行	中银金科	167.07
2020年1月	交通银行	交银金科	57.24
2020年7月	农业银行	农银金科	183.00
—	邮政储蓄银行	—	90.27

资料来源：根据网络资料整理所得。

随着金融科技的发展，"金融"与"科技"联系更加紧密，将对银行业的业务开展产生影响。不同银行在金融科技的具体布局路径、应用领域、应用时间上

都有差别，但都多侧重于云生态构建、信息安全应用、大数据服务以及人工智能、区块链应用等领域（见表9-8）。

表9-8 国有银行金融科技战略布局

公司名称	战略内容
工商银行	打造"云工行"数字新业态，全面建成"核心业务系统+开放式生态系统"的新型IT架构，5G+ABCDI技术全面布局
建设银行	核心系统分布式改造完成并进入双轨并行验证，总分行一体化研发平台促进分行研发供给能力进一步加强，基于"建行云"打造弹性、敏捷、云化的金融级基础设施供给能力
农业银行	提出"iABC"战略，持续拓展场景金融业务，基础云平台（IaaS）基本建成，并试点分行云实现"分钟"级资源交付，应用云平台（PaaS）扩大推广范围
中国银行	全面启动"绿洲工程"，启动分行系统分布式改造，大力推动区块链等前沿技术应用和推广
邮政储蓄银行	新一轮大数据五年（2020-2024年）发展规划落地实施，大数据平台接入行内100余个重要业务系统，新一代个人核心业务系统投产
交通银行	完善金融科技组织架构，打造国内机柜密度最大的数据中心

资料来源：根据网络资料整理所得。

四、中国金融科技三大发展趋势

一是产业布局更加优化，城市聚集效应更加明显。长三角城市群、京津冀城市群、粤港澳大湾区、成渝城市群等是金融科技产业的重要承载地，产业集聚效应明显。二是技术发展是金融科技产业的关键。《2021中国金融科技企业首席洞察报告》调研数据显示，64%的企业将"钻研技术，增强竞争力"作为未来3~5年的主要发展策略，加大技术投入和培养复合型人才是未来金融科技的着力点。三是数据安全和行业监管越发重要。数据安全仍然是金融科技发展的痛点，规范行业发展、完善金融科技风险监控体系仍然是未来行业发展的主要着力点。

第四节 北京科技、人才、区位优势明显，但金融科技仍有较大发展空间

一、北京科技与人才优势明显

北京是我国科技创新中心，拥有众多科研院所和高校，是全球创新资源最为密集的区域之一，科技创新资源要素优势非常明显，金融科技的底层技术研发及

服务应用基础雄厚。2020 年，中关村论坛首次面向全球发布的《全球科技创新中心指数 2020》（GIHI）中，北京排名全球第 5 位（见表 9-9）。截至 2019 年，已有北京大学、清华大学等 18 所在京高校开设金融科技专业教学，进一步夯实了北京金融科技人才基础。

表 9-9 《全球科技创新中心指数2020》中国城市排名及得分情况

排名（得分）	北京	上海	深圳
综合	5（84.68）	17（73.44）	25（70.07）
科学中心	8（85.97）	23（75.36）	29（64.89）
创新高地	3（86.49）	5（72.28）	4（77.24）
创新生态	11（88.09）	23（71.95）	26（67.46）

资料来源：《全球科技创新中心指数 2020》。

目前北京与长三角地区城市相比存在一定的人才优势，近年来，长三角城市纷纷开启"抢人"政策，2018 年二季度到 2019 年二季度，长三角城市占据全国中高端人才净流入率排名最高的 20 个城市的 1/3（见图 9-6）。

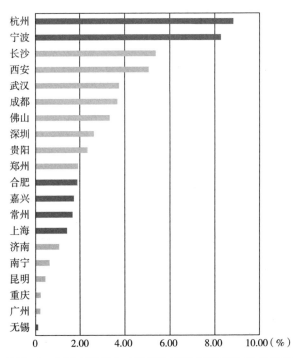

图 9-6 全国中高端人才净流入率排名最高的 20 个城市

注：深色为长三角城市。

资料来源：猎聘大数据研究院。

二、北京区位优势明显，但金融科技生态圈不够完善

北京是全国金融决策和监管中心、总部型金融机构集聚地、国际金融信息中心，也是全国首批服务业扩大开放综合试点城市，北京发展金融业具有得天独厚的优势。2018 年 11 月，北京率先发布省级金融科技发展 5 年规划《北京市促进金融科技发展规划（2018 年－2022 年）》。截至 2021 年底，北京已发布 3 批 22 个金融科技创新监管试点项目，进度、数量和范围等领先全国。国家金融科技认证中心、金融科技标准研究院、金融风险监测和监管创新联合实验室、金融网关、农银金科、中债金科、工银金科等相继落地北京；金科新区加紧建设，金融科技国际竞争力、影响力稳步提升。

2019 年 1 月，国务院批复《全面推进北京市服务业扩大开放综合试点工作方案》（以下简称《方案》），《方案》指出：西城区要着力强化国家金融管理和服务功能，聚焦人民币国际化、金融科技、风险管理和金融监管，建设国家级金融科技示范区，在依法合规的前提下探索监管"沙盒机制"；海淀区着力强化国家科技金融创新中心功能，大力发展天使投资、创业投资、股权投资，推进中关村资本项目便利政策实施；东城区和朝阳区着力打造国际金融开放前沿区；石景山区以北京保险产业园为核心，加快建设国家级金融产业示范区；房山区以金融安全小镇和基金小镇为载体，打造有吸引力的特色金融聚集区；顺义区以首都产业金融中心为平台，着力发展产业金融和离岸金融。近年来北京相继出台金融科技发展相关政策（见表 9-10）。

表 9-10　近期北京金融科技相关政策汇总

时间	发布单位	政策
2018 年 10 月	中关村管委会、北京市金融工作局和北京市科委	北京市促进金融科技发展规划（2018 年－2022 年）
2018 年 10 月	北京市金融工作局、中关村管委会、西城区人民政府、海淀区人民政府	关于首都金融科技创新发展的指导意见
2019 年 2 月	中关村管委会	中关村国家自主创新示范区促进科技金融深度融合创新发展支持资金管理办法
2019 年 5 月	北京市海淀区人民政府	关于加快中关村科学城人工智能创新引领发展的十五条措施

时间	发布单位	政策
2019 年 6 月	北京市海淀区人民政府	关于支持中关村科学城智能网联汽车产业创新引领发展的十五条措施
2019 年 10 月	北京银保监局	关于规范银行与金融科技公司合作类业务及互联网保险业务的通知
2019 年 10 月	北京市西城区人民政府	北京市西城区科技企业孵化加速平台认定和支持办法（修订）
2019 年 11 月	中关村西城园管理委员会	《关于支持北京金融科技与专业服务创新示范区（西城区域）建设的若干措施》的实施细则（试行）
2019 年 12 月	北京市地方金融监督管理局	北京市在全国率先试点金融科技"监管沙箱"

资料来源：课题组整理。

与上海相比，北京金融科技发展缺少国家层面政策支持。2019 年，中国人民银行、发改委等 8 部门联合发布的《上海国际金融中心建设行动计划（2018—2020 年）》提出上海将建设金融科技中心。此后上海又陆续发布相关政策支持金融科技的发展（见表9-11）。2019 年 10 月，上海成立上海金融科技产业联盟，上海诚创金融科技国际产业园同步成立，阿里巴巴、腾讯、百度、华为、商汤科技等公司纷纷在上海布局。

表 9-11　近期上海金融科技相关政策汇总

时间	发布部门	名称
2019 年 1 月	中国人民银行、发改委等 8 部门	上海国际金融中心建设行动计划（2018-2020 年）
2019 年 10 月	中国人民银行上海总部	关于促进金融科技发展　支持上海建设金融科技中心的指导意见
2020 年 1 月	上海市人民政府	加快推进上海金融科技中心建设实施方案
2020 年 2 月	上海市人民政府	关于进一步加快上海国际金融中心建设和金融支持长三角一体化发展的意见

资料来源：课题组整理。

与粤港澳大湾区相比，北京与京津冀城市群金融科技生态圈不够完善，合作不够深入。粤港澳大湾区拥有香港交易所、深圳证券交易所、股权交易中心、金融资产交易中心、碳排放权交易中心等交易平台。金融科技渗透度高，深圳互联网银行放贷量、第三方支付场景广度均位列全国第一。近年来，粤港澳大湾区金融合作不断深化，深圳市地方金融管理局与香港金融管理局、澳门金融管理局均签署了合作备忘录，鼓励金融科技跨境创新；自 2017 年以来，深港澳每年共同举办金融科技全球峰会，为粤港澳三地提供金融科技交流平台。

三、京津冀城市群金融业整体水平偏弱，金融科技产业过度集中于北京

2019 年京津冀城市群金融业增加值为 10868.8 亿元，其中北京金融业增加值为 6544.8 亿元，占比达 60.2%。2019 年长三角城市群金融业增加值为 21480.2 亿元，其中上海金融业增加值为 6600.6 亿元，占比达 30.7%。2019 年珠三角城市群金融业增加值为 7913.2 亿元，其中深圳金融业增加值为 3667.6 亿元，占比达 46.3%。

与长三角城市群和包含了香港、澳门的粤港澳大湾区相比，京津冀城市群金融业不够发达。京津冀城市群金融业增加值仅是长三角城市群的 50.6%，天津、河北金融业较弱，区域发展差距较大。2020 年，北京金融业增加值占京津冀城市群金融业增加值的 61%，是河北的 2.8 倍，是天津的 3.5 倍，区域差距远大于其他城市群，且呈现继续扩大趋势（见图 9-7）。

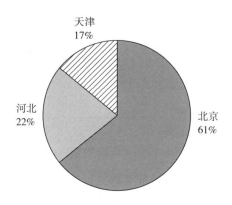

图 9-7 2020 年京津冀金融业增加值分布

资料来源：国家统计局。

京津冀城市群金融科技产业过度集中在北京，京津冀三地在产业发展定位上存在较大的落差，北京和天津缺乏将优势产业进行转移和辐射的动力；河北作为

承接北京非首都功能疏解的承载地，未形成自己的支柱产业，难以承接北京和天津高端产业的转移。

中国社会科学院金融研究所依据59个重要城市的数据，从要素基础、智力支撑、资源环境、企业实力角度编制了中国金融科技燃（FIRE）指数，前六名城市全部位于三大城市群。其中，石家庄排全国第32位，相当于长三角城市第9位（见表9-12）。

表9-12　中国金融科技燃指数（FIRE）排名及得分

京津冀城市群		长三角城市群		粤港澳大湾区	
城市	排名	城市	排名	城市	排名
北京	1	上海	2	深圳	3
天津	11	杭州	4	广州	5
石家庄	32	南京	6	东莞	22
		苏州	9	佛山	30
		无锡	21		
		宁波	23		
		温州	26		
		常州	27		
		嘉兴	39		
		扬州	44		
		金华	46		
		绍兴	47		
		徐州	49		
		台州	50		

资料来源：《中国金融科技燃指数报告（2021）》。

2019年，北京共投入研究与试验发展（R&D）经费为2233.6亿元，R&D经费投入强度（占GDP比重）为6.3%；天津共投入R&D经费为463亿元，R&D经费投入强度为3.3%；河北投入R&D经费为566.7亿元，R&D经费投入强度为1.6%。北京R&D经费投入强度是河北的4倍。河北科技产业基础差，投入低，造成了京津冀城市群科技创新协同合作的缺失。

四、北京金融科技企业数量领先全国，但科技属性需要加强

在毕马威中国发布的《2020 中国领先金融科技企业 50》中，京津冀城市群有 34 家企业入围，全部集中在北京，占比达 68%。长三角城市群有 34 家企业入围，其中上海 23 家、杭州 4 家、南京 3 家。粤港澳大湾区有 32 家企业入围，其中深圳 25 家、香港 3 家、广州 3 家、珠海 1 家（见图 9-8）。

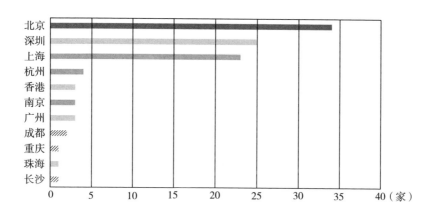

图 9-8　《2020 中国领先金融科技企业 50》城市分布

截至 2021 年 6 月，京津冀共有金融科技公司 5150 家，其中，北京 4751 家、天津 222 家、河北 177 家；长三角共有金融科技公司 6244 家，其中，上海 3829 家、浙江 1514 家、江苏 627 家、安徽 274 家；广东共有金融科技公司 3679 家。

虽然北京拥有金融科技企业最多，但在 2020 年估值超过 100 亿元的中国金融科技独角兽企业中，北京仅有京东旗下的京东数科和百度旗下的度小满金融分别位列第四和第八，与杭州、上海等金融科技发达城市相比还有一定的差距。

以京东数科和度小满金融为例，京东数科科技投入高，近年来也多与金融机构合作输送技术。2020 年上半年京东数科研发投入 16.19 亿元，占营收比高达 15.67%，是蚂蚁集团的 2 倍，近七成员工为研发人员。但其仍然具有较强的金融属性，目前从终端市场看更像是传统金融业的导流平台。度小满金融旗下业务拥有信贷服务、理财服务、保险经纪服务以及金融科技服务，金融科技服务主要是为金融机构提供风控服务。度小满金融虽然名为金融科技公司，但其互联网金融属性非常强，科技投入较弱，主要依靠传统的金融服务实现盈利。

第五节　加快发展金融科技产业，
助力经济高质量发展

金融是国民经济的"命脉"，科技是现代经济的"心脏"。金融科技是推动金融转型升级的新引擎、服务实体经济的新途径、促进普惠金融发展的新机遇、防范化解金融风险的新利器，也是发展金融科技、促进经济高质量发展的重要推动力。

一、发挥优势，加快金融科技引领带动作用

（一）加强金融科技人才队伍建设

依托清华大学、北京大学等知名高校，发挥科技优势，积极探索科技在金融领域的有效运用，扩大博士和硕士的培养规模，培养兼具技术研发、实践能力和丰富金融背景的高端复合背景专业的金融科技人才队伍，破解金融科技人才困境。

（二）加强校企合作，强化产学研融合

要充分发挥在京高校、科研机构的学术带动作用，鼓励其与金融机构开展科研合作，实现优势互补、合作共赢。从企业的实际需求出发，通过自创公司、技术转让、联合研究、共建实体等方式，加强与高校和科研机构的合作。支持高校、科研机构建设多元化的科学成果转化机构（如技术转移中心等），及时了解金融机构需求，抢抓市场先机，以需求为导向，开展科研合作，在技术、资金、人才等方面形成全方位的"产学研用"合作全链条。鼓励高校教授、研究院深度参与研发工作，组建多层次人才团队，不断开拓市场、辐射带动京津冀金融科技发展，形成"基础研究+技术攻关+成果产业化+金融科技+人才支撑"的全过程创新生态链。

（三）加大科技投入力度，比肩国际一流科技城市

北京是领先的全球科技创新与数字中心，信息技术产业和金融产业基础良好，北京在推进金融产业数字化转型方面具有天然的优势。但与旧金山、阿姆斯特丹等城市相比，北京的科技发展还不够。未来北京应在扩大金融市场的同时加

大对科技的资金支持力度，注重科技投入的引导作用，依靠科技带动产业发展，不断推进科技前沿探索和数字经济发展。

（四）发挥互联网企业集中优势，推动金融科技产业创新

从金融科技国内外的现实发展情况来看，大型互联网企业是金融科技发展的主要推动者。北京作为互联网企业的集中地，要充分利用互联网企业在日常经营中积累的客户群体和交易数据，充分挖掘企业和消费者的潜在金融需求，应用大数据、机器学习等技术推动金融产品、服务、业态和模式的创新，使金融朝着个性化、多元化和服务精细化方向发展。

（五）完善金融监管体系，加大审慎监管力度

目前我国金融监管还存在诸多薄弱环节，防范系统性风险，需要将金融科技运用到监管中，运用科技手段加强事中事后监管，提升监管部门对交叉金融风险的甄别、监测、评估、管控和处置能力。作为金融监管中心，北京应稳妥有序扩展金融科技创新监管工具辐射的机构、业务和技术范围，持续增强监管科技和数字化监管能力，增强金融监管的专业性、统一性和穿透性。

（六）制定行业标准，抢占国际标准话语权

目前与金融科技相关的概念五花八门，部分金融科技企业仍处于灰色地带，推动金融科技标准化建设迫在眉睫。北京应积极探索制定完善的金融科技技术标准和行业规范，推动我国金融科技标准走出国门，增强全球金融科技发展的话语权，提高国际影响力，努力成为金融科技发展的引领者和规则制定者。

二、畅链条、优生态、促集聚，推动金融科技加速发展

（一）发挥巨大消费市场作用，深化金融科技应用体验

中国存在一定程度的金融抑制，深化金融科技应用、提升金融科技体验将大幅拉动金融科技产业的发展。要充分发挥北京巨大的消费市场作用，积极探索金融科技落地场景，提高金融科技使用者占比，合理运用金融科技手段完善产品供给、降低服务成本、优化融资服务，提升金融服务质量与效率，使金融科技创新成果更好地惠及百姓民生，带动北京金融发展提质增效。

（二）加强基础设施建设，建立良好产业生态

北京要提升金融基础设施科技功能，推动金融科技研发相关试点示范和项目落地，鼓励金融科技企业设立金融科技类产业联盟、行业协会等社会组织，积极支持专业化的数据存储、公共云、专有云平台建设，发展分布式架构，降低中小

机构数字化转型成本。

三、畅通京津冀金融科技产业发展，助力京津冀协同

（一）打破行政藩篱，加强政策协同

京津冀城市群集聚全国政治经济发展资源，拥有大量全国性金融机构，但城市群内部金融业差异巨大，协同发展任重道远。大力落实京津冀协同发展战略，打破行政障碍，完善政产学研用一体化协同创新体系；推动京津冀城市群金融科技政策的对接，避免独立发展、各自为政的现象发生。

（二）畅通金融科技创新链和人才链，服务京津冀协同

加快京津冀城市群资源整合，强化金融资源在京津冀城市群内的充分流动，畅通金融科技创新链，共建产业园区，推动北京相关科技资源尽快融入河北传统的银行业、保险业，实现高效衔接、合作共赢。充分发挥北京的人才优势，化人才虹吸为人才辐射，形成长效人才流动机制，将雄安新区打造为京津冀城市群深化和拓展人才合作交流的示范区。

（三）优化资本的投向区域与领域

要继续支持雄安新区的发展，以关键环节补链强链为载体，加大对天津、河北金融体系中薄弱环节的投资力度，完善金融机构体系。推动京津冀城市群区域内抵押质押、支付结算、融资信贷、信用担保等业务同城化，降低跨行政区域的金融交易成本。

四、发挥金融科技作用，赋能首都现代化建设

（一）完善农村基础金融设施建设，打造服务乡村振兴的新型数字金融业务，助力共同富裕

要依托北京发达的金融业，建立惠农综合服务平台、信用信息平台、供应链金融平台等金融基础设施。优化数字金融服务，推动"三农"金融数字化转型和智能化升级，健全线上线下有机融合的服务模式，打造服务乡村振兴数字金融银行。立足北京自身科技实力，通过大数据、云计算、人工智能等技术，丰富智能化风险预警模型，有效解决农村金融"融资难、融资贵"问题，让金融服务更精准、高效，助力乡村振兴、促进农民增收、实现共同富裕。

（二）促进金融科技与绿色金融深度融合，助力碳中和

要加强绿色金融场景的科技创新应用，探索商业可持续的落地场景。依托大

数据、人工智能、区块链等技术，量化风险环境效益，加强绿色项目判定能力，优化绿色信贷流程。建立高效绿色金融统计监测管理系统，提升对绿色金融风险的实时监测能力，加强对绿色信贷资金用途的监管力度。积极引进国际先进绿色金融科技，解决在绿色资产识别、转型风险量化、数据溯源等方面的关键问题，制定绿色金融科技标准。运用区块链、云计算等技术建立碳排放数据共享平台，建立高效的碳排放核算和信息披露机制。

（三）促进金融科技全面融入城市治理

借助金融科技推广"数字政务"，提高治理能力和服务效率，实现政府服务高效化、社区治理精准化。依托金融科技构建"智慧养老"平台，精细化识别不同老年群体需求，深入打造养老金融生态；对养老机构进行有效监管，为老年人提供智慧化、多元化、个性化养老服务。

执笔人：孟香君

参考文献

[1] 巴曙松，白海峰．金融科技的发展历程与核心技术应用场景探索 [J]．清华金融评论，2016（11）：99-103.

[2] 陈尊厚，阎东彬，赵蔚蔚．京津冀科技金融发展报告 [M]．北京：经济科学出版社，2019.

[3] 李伟．中国金融科技发展报告（2019）[M]．北京：社会科学文献出版社，2019.

[4] 广东互联网金融协会，广东金融学院中国金融转型与发展研究中心．粤港澳大湾区金融科技发展报告（2018-2020）[M]．北京：中国金融出版社，2020.

[5] 中国信息通信研究院．中国金融科技生态白皮书（2020年）[R]．北京，2020.

第十章　提升法律服务竞争力的路径研究

　　世界城市相关理论认为，一座城市高等级生产性服务业的全球竞争力，在很大程度上决定了该城市在全球城市网络中的位置。全球化和世界城市研究网络小组（GaWC）[①] 正是通过计算金融、会计、广告、管理咨询、法律5类高等级生产性服务业175家跨国企业在全球各城市的商业联系度，来确定城市在全球网络中的地位。法律作为重要组成部分，在国际规则重塑中扮演重要角色，其集聚水平和服务能力是城市竞争力和话语权的重要象征。近年来，北京在GaWC排名中总体上持续上升[②]，主要得益于对上述5类全球顶级跨国企业的吸引和培育。GaWC选取的律所大多已入驻北京，但入驻机构多为办事处，等级不高，在处理国际事务中的话语权较弱。实践证明，设立高端法律服务集聚区，是促进法律等专业服务机构和人才集聚、提升城市影响力的重要手段。2021年7月，北京市出台《关于改革优化法律服务业发展环境若干措施》（以下简称《若干措施》），为设立高端法律服务集聚区以促进法律服务专业化高端化、国际化发展创造了契机，也为北京更大力度推进"两区"建设，提升国际话语权创造了条件。

---

　　① GaWC. The World According to GaWC 2000/2004/2008/2010/2012/2016/2018/2020［EB/OL］. https：//www. lboro. ac. uk/gawc/index. html.

　　② 由2000年的第36位上升至2018年的第4位后又在2020年回落到第6位。

第一节　法律资源和服务能力领跑
全国但涉外服务能力不强

一、服务能力领跑全国

数量规模全国第一。北京是拥有律所和律师最多的城市（分别是上海的 1.7 倍和 1.2 倍），规模化大所（50 人及以上）约占全国的 1/7，全国前 10 大律所北京有 8 个[①]。

商事法律服务能力全国领先。在证券与资本市场、公司并购、国际贸易等商事非诉讼业务领域优势显著[②]。2020 年 396 家 A 股新上市企业 IPO 业务由 57 家律所承办，其中 40% 以上的项目由国浩、中伦、锦天城、国枫、金杜 5 家律所主导，其中 4 家为北京律所。

涉外法律服务能力全国领跑。有 170 名律师入选全国千名涉外律师人才名单，位列全国第一；有 21 人入选全国律协成立的"一带一路"跨境人才库，占所有中方律师人数的 25%，位列全国第一[③]。

二、服务全球能力仍显不足

虽然北京在全国法律界具有无可比拟的影响力和地位，但全球服务能力与伦敦、纽约等全球城市相比仍有较大差距。GaWC 选取的 25 家律师事务所中，全球总部位于伦敦的有 9 家、位于纽约的有 6 家，无一落户北京。

（一）"引进来"方面

从引进机构来看，已有来自 13 个国家和地区的律所在京设立 88 家代表机

---

① 《亚洲法律杂志（ALB）》2020 年榜单，中国前 10 位大型律所中北京占 9 家；美国律师杂志 "2020 全球百强律所"名单中，全球律所总创收排名前 200 中有 10 家律所，其中北京 8 家，上海 2 家。

② 北京律所在证券与资本市场、公司并购、国际贸易等商事非诉讼业务领域收入占比超过全部律所营收的 1/3，是占全国比重最高的业务领域，2019 年办理非诉讼法律事务 18.4 万件、占全国的 13.81%。

③ 资料来源：2020 年 10 月 28 日外事信息：从《世界城市名册 2020》看北京服务业扩大开放（下）：细分行业的比较研究。

构，约占全国的 30%。由于中外法律体系和职业资质管理方面存在差异[1]，入驻的外资律师事务所多为办事处，人员配置相对较弱，开展业务范围有限。然而，也正是这种循序渐进、稳步有序的开放探索，为北京律所学习借鉴国际经验创造了条件，为其提升管理能力、积累适用人才、实现海外拓展奠定了基础。

从引进人才来看，目前国内律所无法正式聘用外国执业律师，近年来，对于外国人担任中国法律顾问的资质要求不断降低，比如将申请主体条件由特殊普通合伙制律所扩大到在京所有普通合伙制律所，将外籍律师境外执业年限资质要求降为 2 年等。但调研中律所还是反映条件要求较为严格，比如要求获取境外执照和证书是取得中国法律顾问身份的前提，这将一些长期在中国学习和工作有能力担当中国法律顾问的外国人排除在外，不利于涉外人才交流，限制了涉外律所的人员储备。

（二）"走出去"方面

从设立境外机构来看，据不完全统计，北京已有 36 家律师事务所通过直投、联营、合作、联盟等方式设立了 231 个境外分支机构[2]，越来越多的北京律所在服务中国企业和公民"走出去"、服务我国重大涉外经贸活动和外交工作大局中做出积极贡献，但中国企业走向海外的服务大部分仍然被国际大所把持，企业的核心数据信息等存在安全隐患。

从境外机构人才聘用来看，聘请外籍律师限制较多，比如在外国律师顾问数量与本所行业律师数量占比、开展工作的试点城市、签证政策等方面均有较多限制，不利于律所境外业务的拓展。

三、在国际争议解决中的参与深度不足

当今世界处于动荡变革期，国际经贸形势复杂严峻，国际经贸、科技摩擦日趋激烈，境外旅游、留学等纠纷频发，跨境争议数量明显上升[3]。我国经济体

---

① 根据我国有关规定，外国律所驻华代表机构只能"提供有关中国法律环境影响的信息"，不能以律师身份参与诉讼，不得聘用中国律师，聘用的辅助人员也不得提供法律服务。

② 其中，有 25 家律师事务所、74 个境外分支机构，已经通过北京市司法局审查并予以备案。

③ 以中国国际经济贸易仲裁委员会（CIETAC）数据为例，受新冠肺炎疫情等因素影响，2020 年上半年，虽然跨境投资交易下滑，但商事纠纷尤其是涉外纠纷案件无论从数量还是在争议标的额上都呈现大幅增长；截至 7 月办理的案件标的总额已突破 1000 亿元，堪比 2019 年全年标的总额。

量、吸引外资、对外投资、国际贸易在世界上均处于高位水平①，但在国际争议解决中的参与远未达到应有的深度。目前，中国企业通过国际投资仲裁进行海外维权的意识和实践能力仍处于起步阶段，在国际投资仲裁法律服务市场上中国律师处于边缘位置，中国仲裁员鲜少被委任为国际投资仲裁案件的仲裁员②。据统计，中国90%的企业涉外合同纠纷案件选择境外仲裁机构，且90%败诉。

北京法律服务能力虽然领跑全国，但参与度与大国首都地位尚不匹配，距离服务中国企业参与"双循环"的要求仍有较大差距。据统计，中国内地城市作为仲裁地正逐步进入视野③，但北京仍有九成以上企业在签署涉外合同时将仲裁地约定在境外，也仅有极少数境外仲裁机构来京开庭。北京没有专业运营的仲裁庭审设施，提供国际仲裁业务访问国际网站的相关需求也存在"短板"，仲裁机构的国际公信力、竞争力和影响力不足。数据显示，北仲虽然在受案数量上有明显优势，但承担国际事务的能力、辐射范围等，与新仲、港仲等仍有较大差距，与上仲、贸仲也存在差距（见表10-1）。

表10-1　2020年北仲与国内外知名仲裁机构对比情况

	受案数量		标的额		涉及司法管辖区（个）
	总量（件）	国际占比	总标的额	国际占比	
北仲	5617	3.8%	940.1亿元	14.1%	20
上仲	1506	7.4%	364.4亿元	—	26
贸仲	3615	20.4%	1121.3亿元	33.7%	
新仲	1080	印度63.9%，美国50.5%，中国18.1%	84.9亿美元	—	60

---

① 2013年跃居全球第一大货物贸易国，2019年成为拥有《财富》世界500强上榜企业最多的国家，2020年跃居全球外商直接投资最大目的地，2018年开始对外直接投资流量稳居全球第二。

② 2020年在ICSID仲裁或调解案件中担任仲裁员或调解员的人士中阿根廷、法国、英国、美国各15位、墨西哥12位，而中国仅占1位。

③ 英国伦敦玛丽女王大学（Queen Mary University of London）和美国伟凯律师事务所（White & Case）共同发布的《2021年国际仲裁调查报告》显示，在仲裁地的选择方面，虽然中国内地城市正逐步进入视野，有12%的受访者选择北京、8%的受访者选择上海、2%~4%的受访者选择深圳作为仲裁地，但与伦敦、新加坡、香港等地相比，中国城市的吸引力仍有提升空间。

续表

	受案数量		标的额		涉及司法管辖区（个）
	总量（件）	国际占比	总标的额	国际占比	
港仲	318	72.3%	88 亿美元	—	45

注：北仲：北京国际仲裁中心；新仲：新加坡国际仲裁中心（SIAC）；港仲：香港国际仲裁中心（HKIAC）；上仲：上海国际仲裁中心（SHIAC）；贸仲：中国国际贸易仲裁委中心（CIETAC）。

第二节　打造法律服务聚集区可以促进资源要素集聚，显著提升服务能力

伴随外部环境的变化，跨学科、跨领域、跨行业的复杂法律问题逐步出现，客户对"一站式、综合化"的服务需求日益强烈，集法律服务、争端解决、法律教育、法律文化艺术、高端商务服务、公共法律服务等为一体的高端服务产业生态集群成为一种趋势。

一、世界级法律服务聚集区与高能级商务区存在显著伴生关系

国际经验表明，法律服务集群的形成，通常围绕有全球影响力的龙头型国际法律机构。比如，围绕伦敦国际仲裁院、巴黎国际商会仲裁院、海牙国际法庭等形成的世界级高端法律集群，聚集了大量国际高端法律要素资源，以及金融、会计、知识产权等关联度高的商务服务资源，大幅提升了当地经济社会发展水平和国际影响力。

世界级法律服务集群，又通常与高能级的商务区存在显著伴生关系，相对集聚分布在地标景观周边和轨道交通沿线。例如，伦敦法律服务集群位于伦敦金融城，纽约的位于曼哈顿 CBD 区域，新加坡位于滨海湾中央商务区等。

二、多省市在自贸区探索设立高端法律服务集聚区

上海、广州、深圳、南京等城市充分利用自贸区高水平开放的优势，纷纷提

出在自贸区内设立高端法律服务集聚区。围绕机构落户奖励、办公用房扶持、人才保障与便利、高端法律服务奖励等方面出台扶持政策，鼓励法律服务机构共建平台、共享资源、降本增效，集聚相关人才，提高交易与服务效率，促进专业交流与专业创新，提升专业知名度，提高综合竞争力。例如，中国（上海）自由贸易试验区临港新片区打造的"国际法律服务中心"，中国（广东）自由贸易试验区广州南沙新区片区打造的"高端法律服务集聚区"①，中国（广东）自由贸易试验区深圳前海蛇口片区打造的"社会主义法治示范区"与"法律服务高地"②，中国（江苏）自由贸易试验区南京江北新区、苏州片区鼓励国内优质法律服务机构集聚等。

上海在抢抓机遇中走在了全国前列。在浦东新区，通过设立上海国际争议解决中心③，助力上海成为中国仲裁机构数量最多、仲裁资源最丰富的城市。在临港新片区，通过打造国际法律服务中心，明显增强了商事纠纷、跨境贸易纠纷、知识产权保护等服务能力，有效促进了资源要素集聚④。在虹桥商务核心区，通过设立虹桥国际中央法务区⑤，吸引律师事务所、公证、仲裁、司法鉴定、调解、法律科技公司、法律新媒体等机构集聚，打造具有国际影响力的法律服务业集聚区。

---

① 广州市南沙区出台《广州南沙新区（自贸片区）法律服务集聚区发展扶持办法》，每年扶持金额近千万元，打造高端法律服务集聚区。

② 深圳市2021年《政府工作报告》表示将携手香港在前海建设国际法律服务中心和国际商事争议解决中心，打造港澳保险业大湾区服务中心。

③ 上海国际争议解决中心由上海国际仲裁中心发起，2018年4月获准登记，2019年11月正式启动。目前，已经有香港国际仲裁中心上海代表处、国际商会上海代表处等4家国际级仲裁机构进驻，取得了很好的集聚效应。

④ 自2020年12月17日揭牌成立以来，临港新片区法律服务中心已陆续有司法、仲裁、调解、公证、法律查明及知名律所等30余家法律功能机构入驻。

⑤ 2021年9月24日，在万众瞩目之下，虹桥国际中央法务区，这个定位于服务长三角一体化和虹桥国际开放枢纽建设国家战略，着力打造面向长三角、辐射全国、联通国际的法律服务新平台正式揭牌。目前，已有23家律师事务所、1家公证机构入驻，近10家功能型及市场化法律服务机构已表达入驻法务中心的意向。

第三节 发展路径：打造高端法律服务集聚区，提升服务能力，建构话语体系

顺应全球高端法律服务"一站式、综合化"的发展趋势，充分抓住"两区""三平台""北交所"等高水平改革开放平台建设机遇，聚焦国际商事、知识产权、跨境金融等重点领域，加快资源要素集聚，提高配套服务能力，打造高端法律服务集聚区，提升北京法律服务全球和区域能力。

一、打造三大特色鲜明高端法律服务集聚区

用好北京国家服务业扩大开放综合示范区政策，在中国（北京）自由贸易试验区国际商务服务片区（北京 CBD）、科技创新片区（中关村）、金融街范围内高标准配套专业的空间和设施、配套法律支持体系，集聚仲裁、调解、公证、司法鉴定、知识产权保护、法律查明等相关机构，筑巢引凤打造国际商事法律服务集聚区、知识产权法律服务集聚区、跨境金融法律服务集聚区。

国际经验表明，世界级法律服务聚集区通常与高能级商务区伴生，选择 CBD、中关村、金融街，主要是由于：①空间供给有保障。CBD、中关村、金融街是北京成熟写字楼的重要集聚区，是"两区"建设的重要承载空间，商务服务配套基础好，可以满足客户"一站式、综合化"的服务需求。受经济下行、新冠肺炎疫情、新项目上市等因素影响，北京写字楼市场进入调整期[①]，部分项目出现租金倒挂（新租租金低于续租租金），在一定程度上为植入高端法律功能创造了条件（见图 10-1 至图 10-3）。②法律资源要素集聚基础好，法律服务需求特色鲜明。朝阳、海淀、西城 3 个区集聚了北京市 62.6% 的律所和 72% 的律师，已经形成了良好的法律行业生态，且 3 个区各具特色，打造法律集聚区具有很强的代表性。朝阳区国际化水平高，是各类国际组织、驻华机构、商协会和跨国公司集聚地；"两区"建设一年来，新设外资企业、实际利用外资等指标都居北京市第一，国际商事服务需求旺盛。中关村国家自主创新示范区汇集了超过

---

① 截至 2021 年一季度，北京甲级办公楼市场连续 9 个季度的租金下跌，同比跌幅高达 8.4%。

2.4万家科技企业，输出技术占北京市成交额的近七成，年总收入占全国156个高新技术区的1/6，知识产权创造、转化、运用的服务需求旺盛。西城区是国家金融管理"一行三会"和北京证券交易所所在地，集聚各类金融机构1900余家；是北京市金融开放的核心承载区，入选"监管沙箱"试点项目占北京市的64%，围绕金融改革、开放、创新的法律服务需求旺盛。

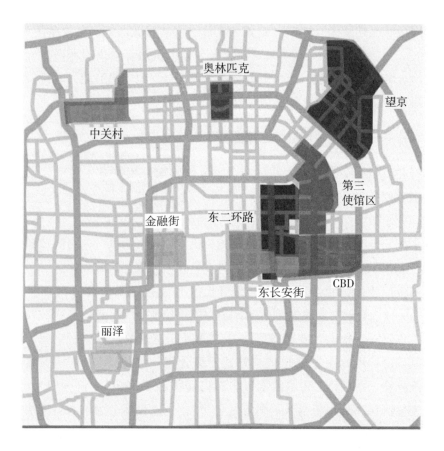

图 10-1　北京市甲级写字楼分布

（一）打造 CBD 国际商事法律服务集聚区

加快建设国际商事仲裁中心已提上了议事日程，要以此为契机充分利用好CBD近5平方公里的自贸片区，围绕仲裁、调解等国际商事服务领域积极改革突破，集聚相关资源要素，打造国际商事法律服务集聚区（见表10-2）。①支持国际商事争端预防与解决组织发展，鼓励境外知名仲裁机构及争议解决机构设立业

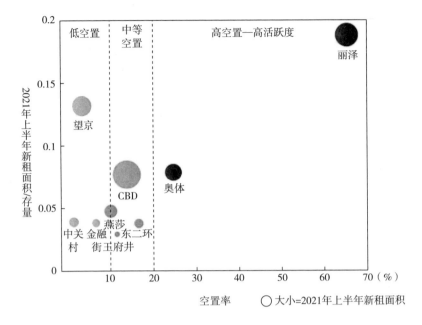

图 10-2 北京主要写字楼商务区供需状况

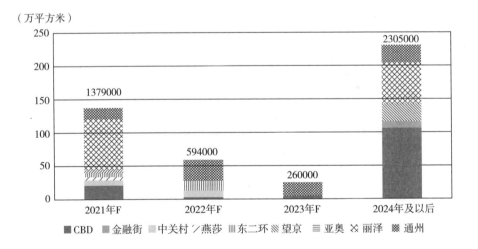

图 10-3 2021～2024 年及以后北京写字楼供应预计

务分支机构，集聚国际调解院/国际仲裁院、庭审中心等相关机构，提升本土仲裁服务机构能力和国际化水平，加快建设国际仲裁中心。②围绕国际商事服务集聚争端解决、法律服务、法律科技、法律教育、法律文化艺术、高端商务服务等相关功能，提升系统化解决问题能力。③引导、支持、鼓励集聚区内机构密切跟踪国际贸易规则重构新动向，深入研究 CPTPP、TISA 等谈判所涉及的新规则、新标准，积极争取参与和引导国际经贸新规则制定，助力提升我国在国际争议解决中的参与深度，提升我国参与全球和地区事务的话语权和影响力。

表 10-2　北京支持仲裁机构集聚的相关举措

时间	发布单位	政策文件	具体内容
2020 年 8 月	国务院	深化北京市新一轮服务业扩大开放综合试点建设国家服务业扩大开放综合示范区工作方案	允许境外知名仲裁机构及争议解决机构经北京市司法行政部门登记并报司法部备案后，在北京市特定区域设立业务机构，就国际商事、投资等领域发生的民商事争议提供仲裁服务
2020 年 12 月	北京市	《境外仲裁机构在中国（北京）自由贸易试验区设立业务机构登记管理办法》	明确境外仲裁机构经登记可以在北京自贸试验区设立业务机构，就国际商事、投资等领域民商事争议开展涉外仲裁业务，为境外仲裁机构来京设立业务机构提供友好、便利、规范、透明的制度环境
2021 年 1 月	北京市	2021 年《政府工作报告》	加紧建设国际商事仲裁中心
2021 年 7 月	北京市	《北京市关于改革优化法律服务业发展环境若干措施》	打造国际商事仲裁中心

（二）打造中关村知识产权法律服务集聚区

深入贯彻落实国家知识产权战略纲要，以两区和国际科技创新中心建设为引领，充分利用好中关村 21.6 平方公里的自贸片区，围绕知识产权全链条全环节积极改革突破，集聚相关资源要素，打造知识产权法律服务集聚区。①支持 WIPO、国际保护知识产权协会等国际知名机构设立分支机构，推动世界知识产权组织仲裁与调解中心落地。推动建立国际知识产权交易、运营平台，主动参与国际行业标准制定，全方位提升知识产权鉴定、评估、抵押、保险、公证、仲裁、调解等专业服务能力。②积极争取扩大知识产权领域对外开放，深入开展外国人参加专利代理师资格考试、外国专利代理机构设立常驻代表机构等试点工作。③促进知识产权保护体制机制创新，探索建立知识产权评估机制，完善知识产权质押登记制度、知识产权质押融资的风险分担机制以及处置机制，持续推进知识产权保险试点。④鼓励企业、行业协会、商会等建立知识产权海外维权联盟，设立海外维权援助互助基金，提高海外知识产权风险防范和纠纷应对能力。

（三）打造跨境金融法律服务集聚区

用好国家服务业扩大开放综合示范区相关政策，围绕金融领域改革开放需求集聚高端法律功能，打造跨境金融法律服务集聚区，助力提升国家金融管理中心能级，更好地服务国家参与全球金融体系治理。①吸引在银行、资本市场、投资基金、并购、私募股权等领域有丰厚经验的 Allen & Over、Clifford Changce 等国际知名律所相关机构入驻，支持开展相关业务。②提升本土律所的国际化水平，引导、支持、鼓励其密切跟踪研究国际资本市场运作法则、国际资本市场监管规则等，为企业境外上市融资、金融跨境合作与跨境监管执法等提供优质法律服务。③提升本土律所的专业化水平，引导、支持、鼓励其正确把握金融数字化转型趋势，研究数字化背景下金融运行逻辑和规则体系，围绕金融虚拟化、数字货币等新需求提升服务水平。④围绕金融服务监管、公共法律服务等领域提升金融管理功能，维护金融安全，防范金融风险，为金融改革开放提供坚实法治保障。

（四）量身定制试点配套支持政策

①在集聚区内探索构建安全便利的国际互联网数据专用通道，为入驻法律服务机构访问国际学术前沿网站做好安全保障服务。②在集聚区内试点开展中外律师事务所合作。借鉴上海自贸区有关做法，进一步拓展涉外法律服务领域，加快建立涉外法律服务平台，探索中外律师事务所合作的方式和机制①，试点开展律师互派、律所联营等政策，吸引知名外资律师事务所入驻，为企业提供便利化、国际化的涉外法律服务。③在集聚区内试点允许持有港澳法律执业资格证或获得香港"注册海外律师"资格的专业人士在北京市律师协会注册备案，经审查合格后可到集聚区内律所以律师身份就职。④给予落户（注册登记地、实际经营地、财税户管地）集聚区的影响力大、带动能力强的龙头型法律机构专项奖励②、办公用房、人才保障等相关奖励支持。

（五）积极争取国家相关支持，将集聚区建设纳入"两区"改革清单

国际仲裁、知识产权、跨境金融、涉外法律服务等领域改革影响面大、涉及面广，要循序渐进推进。要做好和最高人民法院、科技部、司法部、中国人民银行、商务部、国家市场监督管理总局（国家知识产权局）等沟通对接，积极争取围绕高端法律集聚区建设的改革任务在北京试点推进。同时，做好整体谋划，将打造国际商事、知识产权、跨境金融 3 个法律服务集聚区纳入"两区"改革清单，强化清单化管理，明确任务路线图和时间表。

---

① 就联营和互派律师这两项而言，除上海有 7 家中外律所联营安排，深圳前海存在若干粤港联营安排之外，目前全国其他省市尚不存在中外律所联营安排。

② 上海临港片区给予落户机构 20 万~100 万元不等的专项奖励。

二、鼓励纵向跨界尝试，提升服务能级

受新冠肺炎疫情冲击，全球经济下行，律师业务量增长放缓，但部分业务领域却迎来了新的增长。比如，医患矛盾、医药健康行业并购重组、投融资、知识产权、商业秘密、争议解决、数据合规、基础设施等领域成为新增长极，要抓住新的业务机会，积极拓展市场容量。

同时，也要向市场纵深挺进，跨界尝试。部分律所布局风险咨询、替代性法律服务等新兴业务，以提供包括"审计+税务+咨询+法律"的综合解决方案而非独立法律业务。部分律所探索新的经营方式，集"数智化、共享化、全员事业合伙化、无边界化"于一体的互联网律所等开始布局。

三、鼓励横向跨区域延伸，拓展服务范围

智合以律师人数、律所数量、业务量、创收为指标，得出了"各省市律师行业竞争力"的综合排名。可以看出，在当前中国法律市场中，京津冀城市群、长三角城市群、粤港澳大湾区综合服务能力比较突出。但与长三角（上海、浙江、江苏分别排3~5位）、粤港澳相对均衡的区域发展不同，北京在京津冀城市群中（北京排第1位，天津排第10位，河北未进前10）的优势地位尤为凸显，如表10-3所示。

表10-3　全国各省份律师行业指标排名情况

省份	总排名	律师人数排名	每万人拥有律师数排名	律所数量排名	律师行业创收排名	GDP贡献度排名	律师人均收入排名	业务量排名
北京	1	2	1	2	2	1	2	7
广东	2	1	5	1	3	5	5	1
上海	3	5	2	5	1	2	1	8
浙江	4	7	6	6	4	4	4	3
江苏	5	3	8	4	5	8	6	2
山东	6	4	13	3	6	9	10	4
四川	7	8	15	7	7	11	14	5
重庆	8	15	7	13	9	7	7	17
福建	9	14	12	11	8	12	8	11
天津	10	22	3	15	13	6	9	25

注：本排名依据各省份2019年律师行业发展相关数据统计得出，表格仅列出前10位。

北京要充分发挥优势，提升服务区域的能力。一是服务好京津冀协同发展战略，做好重大项目、重大投资活动，"一核两翼"重点区域的法律服务保障；为区域内企业"走出去"保驾护航。二是布局区域内市场，以先进的管理模式、培训机制、专业协同、客户渠道带动当地律师服务能力提升。三是以设立证券交易所为契机，服务好区域内"专精特新"企业上市及相关需求。

四、提升服务"一带一路"沿线国家、RCEP 成员国的能力和水平

北京律师协会对多家律所的调研显示，与 21 世纪初期各家大律所目光直指资本市场成熟、法律服务市场活跃的中国香港和欧美国家的情况不同，"一带一路"沿线国家已经成为未来跨境发展的第一阶段布局目标（见表 10-4）。伴随国内外形势的转变，"一带一路"沿线国家、RCEP 成员国服务需求的提升需要引起足够的关注。

表 10-4　北京律所"走出去"的区域选择　　　　　　　　　　单位：%

序号	北京律所"走出去"的区域选择	目前热度	未来热度
1	欧美发达国家	65	44
2	"一带一路"沿线国家和地区	29	38
3	中国港澳台地区	71	19
4	日韩	25	20
5	澳大利亚	7	1

（一）搭建长效沟通协调机制

为促进"走出去"建设，引导企业平稳有序开展工作，商务部、最高人民法院等已经做了很多努力，比如编写《对外投资合作国别（地区）指南》、建立"走出去"公共服务平台，成立国际商事法庭等。北京市刚刚出台的《若干措施》也提出，要开展"走出去"项目专业服务对接工作，建立境外投资企业与涉外法律服务机构常态化对接机制，畅通涉外法律服务供需渠道。为推动常态化对接机制落地见效，建议：①积极争取国家相关部门支持，建立国与国、城市与城市司法部门长效沟通机制，以解决律所"走出去"过程所遇到的困难和问题。尤其对于"一带一路"沿线国家、RCEP 成员，开放程度、法治状况和市场化水平差异较大，投资环境复杂，外交层面的"走出去"对律所及律师个人"走出去"会起到非常大的推动作用。②政府相关部门、律师联盟、律师代表等设立联

系联席会议，共同商议律所"引进来""走出去"过程中面临的困难和解决方式，协助律所做好涉外业务拓展中的风险把控、资源对接或提供信用背书、驻地使领馆协助、建立人才培训机制等方面。

（二）鼓励加入或牵头设立相关律师联盟

《若干措施》提出，要支持北京市律师事务所在境外设立分支机构，以业务联盟方式与境外法律服务机构开展国际商事交易的尽职调查、风险评估等合作。目前，北京市已有多家律所在"走出去"的过程通过加入世界性律师联盟来强化业务合作、人才交流和拓展市场空间取得了不错的成效，比如君合加入 Lex Mundi 和 Mmultlaw，中伦加入 WLG，中伦文德加入 INTERLAW，德和衡加入 SCG 等。也有律所尝试牵头设立国际联盟以建立更为国际化的法律服务网络，比如德和衡牵头设立全球精品律所联盟（EGLA）①，这是目前国际上最大的由中国律所主导的国际律所联盟。落实《若干措施》提出的要求，全方位为律所加入或设立律师联盟提供便利，搭建中外法律精英人士学习、交流的高端平台和精英俱乐部，传播国际法律及仲裁知识，宣传北京仲裁地和开庭地。为北京市仲裁机构、律师事务所等机构与境外非政府组织联合在京开展国际活动提供便利化审核，实施网上备案。

（三）鼓励"走出去"国企央企强化与中国律所合作

据有关律所反映，有些企业包括国有企业，对中国本土律所比较轻视，甚至明确放言"从来不用中国律所"，这种歧视性的政策不利于中国本土律所的成长和人才建设。虽然在很多国际法律服务领域，本土律所的发展及业务水平确实存在一定的差距，但鉴于中国律师在语言、文化等诸多方面优势明显，加上央企、国企"走出去"的风险可能涉及国有资产流失，建议出台相关政策鼓励央企和国企在境外投资等活动中更多采用本土律所提供的法律服务，多为中国律所和中国律师创造学习和实践的机会。特别是要落实《若干措施》提出的相关要求，尽快完善北京市涉外法律领军人才库和后备人才库，推荐优秀专业人才为重大涉外工程、重要国际活动提供法律服务。

执笔人：刘作丽　吴伯男

---

① 目前拥有 88 家成员律所，分布在包括中国、韩国、马来西亚、蒙古、吉尔吉斯斯坦和俄罗斯等 19 个国家和地区。

第十一章　推动信用评级健康
发展的路径研究

　　信用评级在金融市场运行中发挥着揭示信用风险、辅助市场定价、提高市场效率等作用，是金融市场重要的基础设施，被誉为债券市场的"看门人"。我国信用评级行业产生于 20 世纪 80 年代末，近年来，在债券市场需求推动下，信用评级行业发展日益壮大，2020 年评级机构共承揽债券产品 1.4 万只，同比增长 47.7%。但与国际相比，我国信用评级市场发展仍不成熟，2019 年标普、穆迪和惠誉三家国际评级机构评级业务总量约 203 万个。目前全国 40% 的企业征信和信用评级机构聚集在北京，随着北京证券交易所的设立运营，信用评级行业将迎来新一轮发展空间。但北京市信用评级行业依然存在评级虚高、区分度不足、事前预警功能弱等问题，制约了评级行业的高质量发展。强化信用评级行业监管，引导行业逐步转向注重评级质量，提升评级技术和信用区分度，将更有助于推动行业良性竞争，促进北京市评级行业高质量发展，更好服务债券市场健康平稳运行。

第一节　国际信用评级行业发展趋势

　　自 20 世纪初美国穆迪公司建立了世界上第一家信用评级机构以来，信用评级行业经过了 100 多年的发展，美欧等发达国家已形成了较为成熟的市场格局，并在信用评级监管上积累了丰富的经验。

一、美欧信用评级行业由三大评级机构垄断

近年来，美欧信用评级行业稳步发展，行业集中度较高，标普、穆迪和惠誉三家评级机构一直占据优势地位，但中小评级机构也开始加速发展。

从市场份额来看，在美国市场方面，2019年标普、穆迪和惠誉的评级市场份额分别为50.1%、32.0%和13.0%，共占美国全国认可的统计评级组织（NRSROs）的95.1%，较2015年下降1.4个百分点，但依然占据优势地位。在欧盟市场方面，三大评级机构也占据绝对优势，2020年标普、穆迪和惠誉的市场占有率分别为40.4%、33.1%和17.6%，合计占欧盟信用评级市场的91.1%，排名第四的加拿大DBRS市场占有率仅为3.0%，其他评级机构市场占有率均低于1%。从信用评级分析师数量来看，截至2019年底，标普、穆迪和惠誉评级分析师数量分别为1559人、1732人和1277人，合计占所有NRSROs评级机构分析师总数的83.0%，较2015年下降4.2个百分点。

中小型评级机构尽管整体仍处于劣势，但近年来通过专注特定领域开展评级、增加业务量和拓展业务类型等，市场占有率逐渐在提高。在资产支持证券评级方面，2019年美国中小评级机构的存续评级业务量市场份额占比提升到22.6%。在保险机构评级方面，贝氏评级在美国的市场份额为34.2%，已占据保险评级市场优势地位。

二、美欧信用评级市场监管日趋完善

信用评级行业在诞生的前几十年，一直采用以声誉为核心的自律性管理。2001年美国安然事件后，信用评级机构开始受到越来越多的质疑。2008年全球金融危机后，美欧国家逐渐意识到没有信用评级话语权将会在未来的国际市场上受到越来越多的制约，更加重视评级行业的规范发展。

（一）相继出台信用评级监管法案并逐步完善

在国际层面，2004年国际证券监督组织（IOSCO）发布了《信用评级机构行为基本准则》，并在2008年金融危机后针对评级失常问题对准则进行了修订，要求评级机构降低结构性金融产品评级的利益冲突、提高结构性金融产品评级的可靠性，并改善信用评级的透明性。在国家（经济体）层面，2006年美国国会通过《信用评级机构改革法案》，确立了美国证券交易委员会（SEC）的信用评级监管主体地位，2010年美国参议院通过《多德—弗兰克法案》，进一步强化了

对信用评级机构的监管，在 SEC 下设立信用评级监管署，专门监管信用评级机构，要求评级机构在全国认定的评级组织中共享历史评级信息、评级流程、方法和变化等数据。欧盟分别于 2009 年和 2011 年通过了《信用评级机构监管法规》及其修正法规，构建了"以欧盟证券与市场管理局（ESMA）为主，以成员国主管机构为辅"的欧盟信用评级监管架构，由过去基于自律监管的模式转向对信用评级机构进行强制注册认证和行政监督的模式，监管内容涵盖评级业务的全流程，并赋予 ESMA 拥有可以评估信用评级机构进行证券评级时使用的程序和方法的权力。

（二）建立健全资质认证制度

美国证券交易委员会创设了"全国认可的统计评级组织（NRSRO）"，对评级行业进行监管，若评级机构未经过 NRSRO 认证，投资者则不会认可它的评级结果，且政府机构也不可采用除 NRSRO 认证之外的信用评级报告。2020 年共有 9 家信用评级公司获得 NRSROs 资质，其中包括 6 家美国评级机构[1]和 3 家非美国机构[2]。欧盟在信用评级行业准入方面建立了以注册制为主，以背书制和认证制为辅的准入机制。注册制仅针对在欧盟境内设立实体的评级机构，完成注册的评级机构可通过背书制度将其境外关联机构的评级结果用于欧盟境内，未在欧盟境内设立实体的信用评级机构可向欧盟申请认证，通过认证的评级机构由第三国直接监管，但第三国的评级行业监管法律制度需得到欧盟的认可。目前欧盟共有 40 家注册信用评级机构[3]和 4 家认证的信用评级机构[4]。

（三）强化对评级机构的持续监督

美国、欧盟等国家和地区均通过非现场审查和现场检查等方式强化对评级机构的持续监管。美国在 SEC 下设立的信用评级监管署每年都会对 NRSRO 的评级活动、运营、内控机制以及信用评级结果等进行现场检查。并强化评级机构内部治理，要求评级机构不得同时提供风险管理或咨询业务，实施分析师轮换制度和回顾审查机制等，避免利益输送。近年来，美国还加强了对突发公共事件应对方面的专项审查工作，如针对新冠肺炎疫情对金融环境的不确定性影响，审查了评

---

① 包括穆迪、标普、惠誉、A. M. Best、Egan-Jones、Kroll Bond。
② 包括加拿大的 DBRS、日本的 JCR、墨西哥的 HR Rating。
③ 包括欧盟信用评级机构 20 家、标准普尔 3 家在欧分支机构、穆迪 7 家在欧分支机构、惠誉 7 家在欧分支机构、加拿大的 DBRS、A. M. Best 欧洲评级机构、大公欧洲评级机构。
④ 包括日本的 JCR、墨西哥的 HR Ratings 以及美国的 Kroll Bond 和 Egan-Jones。

级机构是否实施了调整疫情背景下的评级方法、调整对宏观经济的假设和预测等应对措施。欧盟证券与市场管理局也强调对评级机构进行持续监督，要求评级机构报送相关资料、开展现场或非现场检查。并制定了包括取消注册资格、禁止发布评级结果、处以罚金等针对信用评级机构违反监管规定的处罚措施。如 2020 年 ESMA 对 Scope Ratings GmbH 因违反其债券担保评级方法中"对有担保的债券进行评级时，必须对其覆盖池进行全面分析"的规定，对其处以 55 万欧元的处罚。近年来，欧盟还加强了对信用评级数据获取和使用的监管，出台了《信用评级数据获取和使用支持的咨询文件》，针对信用评级实际用户和潜在用户对数据使用的需求等展开调查，以提高评级数据使用效率。

第二节　我国信用评级行业发展现状

自 2004 年以来，我国的债券市场规模迅速扩大，截至 2021 年 9 月末，存续规模已达 127.7 万亿元，仅次于美国，位居全球第二，其中公司信用类债券存续规模为 30.80 万亿元，占各类债券的 24.1%。随着债券市场的扩容发展，对信用评级的需求日益旺盛，2020 年评级机构共承揽债券产品 1.4 万只，同比增长 47.7%，出具评级报告的债项 1.5 万只，同比增长 37.3%。同时，近年来我国在评级行业统一规则、完善监管、对外开放等方面也取得明显进步。

一、相对稳定格局初步形成，行业集中趋势明显

根据 2019 年 11 月发布的《信用评级业管理暂行办法》，中国人民银行作为信用评级行业主管部门，对全国所有从事信用评级业务的评级机构实行备案管理。截至 2021 年 6 月，在人民银行备案的评级机构有 59 家（见表 11-1），在证监会备案的评级机构有 12 家，获得银行间债券市场评级业务资质的评级机构有 13 家，开展企业债券评级业务的有 7 家，国际信用评级巨头标普和惠誉的中国子公司也已备案。已经在人民银行备案的 59 家信用评级机构中总部设在京津冀共 15 家，其中，北京 13 家、天津 1 家、河北 1 家；总部设在长三角共 13 家，设在珠三角共 6 家。2020 年，评级机构对国内金融债、公司债、企业债等信用债出具评级报告的债项有 1.5 万只，参与相关信用评级的机构共 9 家，其中，中诚信

国际、联合资信和上海新世纪市场占有率分别为 40.73%、28.91% 和 18.00%，合计占比 87.64%（见图 11-1），行业集中趋势越发明显。

表 11-1　中国人民银行备案信用评级机构情况（部分）

机构名称	备案地	证监会备案	获得银行间债券市场评级业务资质	开展企业债券评级业务	银保监会能力认可
惠誉博华信用评级有限公司	北京		是		
联合资信评估股份有限公司	北京	是	是	是	是
标普信用评级（中国）有限公司	北京	是	是		
中债资信评估有限责任公司	北京				是
安融信用评级有限公司	北京	是	是		
大公国际资信评估有限公司	北京	是	是	是	是
北京中北联信用评估有限公司	北京	是	是		
东方金诚国际信用评估有限公司	北京	是	是	是	是
北京银建资信评估事务所	北京				
君维诚信用评估有限公司	北京				
中诚信国际信用评级有限责任公司	北京	是	是	是	是
中国诚信信用管理股份有限公司	北京				
联合信用评价有限公司	北京				是
河北中盈信用管理有限公司	河北				
天津东方资信评估有限公司	天津				
上海资信有限公司	上海	是	是		
上海新世纪资信评估投资服务有限公司	上海	是	是	是	是
远东资信评估有限公司	上海	是	是	是	
蚂蚁信用评估有限公司	浙江				
惠众信用评级（浙江）有限公司	浙江				
杭州资信评估公司	浙江				
杭州联合资信评估咨询有限公司	浙江				
宁波远东资信评估有限公司	浙江				
宁波金融事务所有限公司	浙江				
浙江华誉资信评估有限公司	浙江				
浙江大普信用评级股份有限公司	浙江	是	是		
江苏远东国际评估咨询有限公司	江苏				

机构名称	备案地	证监会备案	获得银行间债券市场评级业务资质	开展企业债券评级业务	银保监会能力认可
南京中贝国际信用管理咨询有限公司	江苏				
中证鹏元资信评估股份有限公司	深圳	是	是	是	
惠州市惠信资信评级有限公司	广东				
江门市公诚企业信用评级有限公司	广东				
广东加诚资信评估有限公司	广东				
广东东方安卓信用评估有限公司	广东				
广州南粤信用评估有限公司	广东				

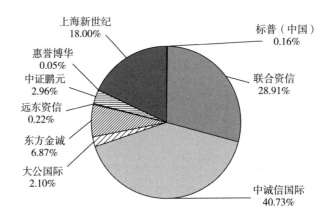

图 11-1　2020 年我国信用债债项评级业务分布（按债券发行只数）

资料来源：Wind 数据库。

二、多头监管走向联合，信用评级统一监管框架基本形成

长期以来，我国债券市场由银行间市场和交易所市场组成，两个市场中分别存在多个品种的债务融资工具，信用评级行业因受评的债务融资工具种类分属不同的债券市场而处于多方监管状态，评级标准和规则的不统一抬高了企业的发债成本，存在监管套利空间。2019 年底，《信用评级业管理暂行办法》正式实施，明确中国人民银行是信用评级行业主管部门，主管全国的信用评级监督管理工作；明确发改委、财政部、中国证监会是信用评级行业的业务管理部门，在职责

范围内对信用评级业务实施监督管理，并强调行业主管部门与各业务管理部门应建立部际协调机制，共同加强监管。这一办法的实施标志着我国信用评级行业统一监管框架基本确立，在此背景下，各监管部门的监管信息将实现共享，监管套利空间进一步压缩。

三、取消强制评级成为新的监管趋势

我国信用评级行业在发展初期主要采用强制评级，强制评级在初期抑制风险作用较好，并使行业规模在短期内快速扩大，但长期来看不利于我国评级行业的发展。强制评级促进了评级机构的增加，带来了评级虚高、评级滞后和价格恶意竞争等问题，不仅扰乱了市场秩序，还弱化了评级机构证券市场"看门人"的功能。此外也在一定程度上降低了投资者对债券的自主风险判断的积极性和能力，降低了资本市场对风险的自主识别能力。从国外评级行业演进的历程也可以看出，美国评级行业发展经历了早期的强制评级阶段与 2008 年之后的取消强制评级阶段。梳理我国监管部门发布的多项政策可以发现，近年来我国也已逐步减少对信用评级的过度依赖。2017 年 7 月，中国人民银行公告〔2017〕第 7 号提出，监管部门逐步减少政策法规对外部信用评级结果的引用，降低对外部信用评级的依赖。此后多项修订的政策文件也删除了债券发行人外部信用等级的要求（见表 11-2）。取消强制评级也已经成为我国信用评级行业新的监管趋势。

表 11-2　近年来监管层取消强制评级的相关政策

时间	文件名称	出台部门	相关内容
2017 年 7 月	中国人民银行公告〔2017〕第 7 号	中国人民银行	监管部门逐步减少政策法规对外部信用评级结果的引用，评级结果使用机构也应合理审慎使用外部评级结果，加强内部评级体系建设，降低对外部信用评级的依赖
2020 年 5 月	关于保险资金投资银行资本补充债券有关事项的通知（银保监发〔2020〕17号）	银保监会	与原政策银保监发〔2019〕7 号相比，删除相关发行人应当符合国内信用评级机构评定的 AAA 级或者相当于 AAA 级的长期信用级别的要求
2020 年 12 月	公司信用类债券信息披露管理办法	中国人民银行、发改委、证监会	在"企业应当于发行债券前披露的文件中"，对"信用评级报告"的表述为"如有"，没有做强制要求

续表

时间	文件名称	出台部门	相关内容
2021 年 2 月	公司债券发行与交易管理办法（证监会令第 180 号）	证监会	与原办法证监会令第 113 号相比，取消了公开发行公司债券评级的强制性规定，发行公司债券是否评级由发行人自主决定
2021 年 3 月	关于实施债务融资工具取消强制评级有关安排的通知（中市协发〔2021〕42 号）	中国银行间市场交易商协会	申报环节，不强制要求企业提供债务融资工具信用评级报告；发行环节，取消债项评级报告强制披露要求，保留企业主体评级报告披露要求
2021 年 8 月	关于促进债券市场信用评级行业健康发展的通知	中国人民银行、发改委、财政部、银保监会、证监会	降低监管对外部评级的要求，择机适时调整监管政策关于各类资金可投资债券的级别门槛，弱化债券质押式回购对外部评级的依赖，将评级需求的主导权交还市场

四、信用评级对内对外开放取得积极进展，加剧国内评级行业竞争

在我国债券市场和评级行业国际化发展的背景下，监管机构逐步"放开前端"，允许更多评级机构进入债券市场开展信用评级业务。2019 年 1 月，中国银行间市场交易商协会公布银行间债券市场外资信用评级机构注册评价结果，接受标普信用评级（中国）有限公司开展银行间债券市场信用评级业务的注册。2020 年 1 月，财政部、发改委等部门联合发布《关于发布中美第一阶段经贸协议的公告》，承诺继续允许美国服务提供者对向国内投资者出售的所有种类的国内债券进行评级。2020 年 5 月，中国人民银行对惠誉评级有限公司在我国境内设立的独资公司予以备案。此后，国务院金融委办公室发布 11 条金融改革措施，其中明确提出"推动信用评级行业进一步对内对外开放，允许符合条件的国际评级机构和民营评级机构在我国开展债券信用评级业务，鼓励境内评级机构积极拓宽国际业务"。信用评级行业对内对外开放有助于推动评级机构"引进来"和"走出去"，提升我国信用评级行业的国际化水平，也有助于激活行业竞争，但国际评级机构一般拥有较高的知名度，更容易被投资者所接受，国内评级机构将面临更大的经营和盈利压力，评级市场竞争将进一步加剧，加速优胜劣汰。

第三节 北京市信用评级行业存在的主要问题

目前，北京市在人民银行备案的评级机构有 13 家，占全国的 22.0%，同时也在证监会备案的评级机构有 7 家，占全国的 58.3%。从在证监会备案的评级机构情况来看，北京地区信用评级机构注册资本 8.7 亿元，占全国的 54.3%，信用评级机构分析师 1083 人，占全国的 73.3%。总体来看，北京市信用评级行业在全国具有绝对优势，但与国际评级行业相比依然存在不少问题值得重视。

一、信用评级行业整体实力仍有待加强

近年来，我国债券市场的良好发展势头为北京市信用评级行业的发展提供了良好契机，但与国际相比，北京市信用评级发展仍然相对滞后。

从评级业务量来看，北京市在证监会备案的 7 家评级机构 2020 年合计承揽债券产品评级 1.2 万只，仅分别是标普、穆迪、惠誉三大国际评级机构 2019 年承揽债券产品评级的 1.3%、2.0% 和 5.5%。

从评级机构收入情况来看，我国在证监会备案的 12 家评级机构 2020 年合计营业收入为 26.2 亿元，仅为标普和穆迪 2019 年的 5.7% 和 7.8%，其中来自债券评级等业务收入为 10.0 亿元，仅为标普和穆迪的 4.7% 和 5.1%，我国 12 家评级机构评级业务收入占总营业收入比重仅为 38.2%，比标普低 8.2 个百分点，比穆迪低 20.7 个百分点。北京市评级机构营业收入与标普、穆迪等国际评级机构相比差距更大。

从分析师数量来看，北京市在证监会备案的 7 家评级机构截至 2020 年末仅有分析师 1083 人，不及国际三大评级机构其中一家截至 2019 年末的分析师数量。即便从全国在证监会备案的 12 家评级机构来看，截至 2020 年末分析师数量为 1478 人，也仅与国际三大评级机构其中一家的分析师数量相当，如表 11-3 所示。

表 11-3 北京市评级机构与国际三大评级机构对比

	我国 12 家 合计 2020 年	北京市 7 家 合计 2020 年	标普 2019 年	穆迪 2019 年	惠誉 2019 年
债券评级数量（个）	15198	11971	951446	611708	219447

续表

	我国 12 家 合计 2020 年	北京市 7 家 合计 2020 年	标普 2019 年	穆迪 2019 年	惠誉 2019 年
营业收入（亿元）	26.18	—	462.90	333.68	—
评级业务收入（亿元）	10.00	—	214.62	196.66	—
分析师数量（人）	1478	1083	1559	1732	1277

资料来源：Wind 数据库；联合资信评估有限公司；国际评级行业发展与监管动态报告。

二、信用评级机构公信力与国际评级机构差距较大

对信用评级行业而言，评级机构在对债券或企业的信用进行评级时，自身的信用也在经受着市场检验，评级机构的公信力是其赖以生存发展的"生命线"。北京市信用评级行业发展相对较晚，与国际具有上百年历史的三大评级机构相比，在公信力方面有很大差距。

在评级结果分布方面，北京市评级机构的评级结果高度集中于 AA 级以上高信用等级，2020 年占有债券评级信用债的 88.7%，而美国等发达债券市场的评级结果则以 BBB 为中枢，如 1985~2016 年，标普的评级结果分布相对均匀，大部分集中在 BBB 到 B，并在 BBB 和 B+两处形成双峰，并对有些企业评级给出 D（违约）评级，而北京市评级机构从未给出过 D 评级，即便对已经违约的企业评级通常也只给出 C 评级，如图 11-2 所示。

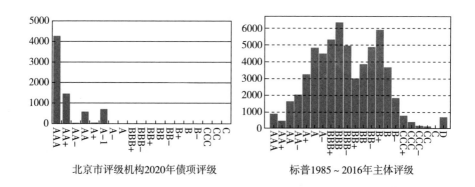

北京市评级机构2020年债项评级　　　　标普1985~2016年主体评级

图 11-2　北京市评级机构与标普评级结果对比

资料来源：Wind 数据库；刘士达，王浩．从国际视角看中国信用评级［J］．金融市场研究，2021（05）：44-61.

在被评债券发行人违约方面，2017 年之前，我国债券市场涉及到期违约债券数量均在 40 项以下，2018 年之后，涉及到期违约债券数量上升到 100 项左右，增长超 2 倍（见图 11-3）。尤其是在 2017 年前，我国公募债券市场未出现过 AA+及以上级别的高信用等级发行人违约事件，但近年来高信用等级发行人违约数量有所上升，2018～2020 年 AA+及以上级违约率分别为 0.12%、0.66% 和 0.45%。

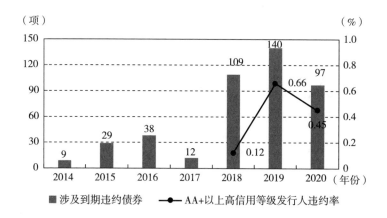

图 11-3 我国债券市场涉及到期违约及高信用等级发行人违约情况

资料来源：联合资信评估股份有限公司债券市场研究部. 2020 年中国债券市场违约回顾与展望［R］. 联合资信评估有限公司，2021.

在评级结果调整方面，从北京市市场份额相对较高的中诚信国际和东方金诚两家机构的评级结果调整情况来看，2017～2020 年它们的评级结果上调率均在 3%～7%，平均为 5.1%和 4.6%，下调率均在 1%～3%，平均为 2.1%和 2.3%，其评级下调率均远低于评级上调率。而以标普为代表的国际机构评级结果下调率相对更高，多年下调率平均为 11.7%，上调率平均为 8.5%。

三、评级机构市场约束不足，声誉约束机制相对滞后

国内信用评级行业发展初期，由于各类监管机构对债券发行要求强制评级，使国内评级机构在为企业提供服务时，不注重自身市场声誉的积累和维护。

从评级技术来看，国内评级机构的评级技术同质化严重，评级方法创新滞后，随着新债券品种和新风险因素的不断出现，原有的评级方法也很难精准地揭

示信用风险，影响评级质量的提升，阻碍市场声誉机制的形成。

从收费模式来看，国内信用评级普遍采取向发行人收费，虽与国际机构收费方式一致，但收费标准不统一，随意性较大。尤其随着市场竞争的加剧，甚至出现为抢占市场份额而进行"以价定级、以级定价"等现象。如 2018 年，大公国际由于为发行方提供信用评级服务的同时直接向其提供咨询服务并收取高额费用被责令整改并暂停相关评级业务 1 年。受评企业购买级别的现象导致国内评级机构逐步丧失独立性，甚至违规执业，不利于评级行业良好声誉机制的形成。

四、信用评级行业数字化转型较为薄弱

目前，不少国内评级机构都在大数据、互联网、人工智能等方面进行了数字化转型探索，但多数是基于对既有业务数据的高效运用，如何更好地解决当前信用评级中财务数据时效差、会计信息失真多、企业实时监测弱、关联企业了解慢等问题，是运用数字化技术更为重要的落脚点。

从数据层面来看，当前信用评级机构的数据主要来源于企业提供、现场调查及第三方数据，企业层面提供的财务数据通常具有一定滞后性，难以及时反映其真实情况。而为核实受评企业提供数据的真实性，还需要与第三方数据进行交叉验证，但第三方数据零散分布在银行、工商、税务等机构，可获得性不高。

从技术层面来看，信用评级行业与信息技术行业协同发展仍需加强，针对数据、模型、算法等尚未寻找到有效的合作模式，信息技术行业向信用评级行业延伸的相关研发较少，信用评级行业对云计算、区块链等新技术的应用不足。

第四节　推动北京市信用评级行业
高质量健康发展的建议

在国内债券市场加速发展、信用评级行业对外开放不断深化的新形势下，北京市信用评级机构应坚守"独立、客观、公正"的一般性原则，落实评级监管的各种制度和规范，持续创新技术提升评级质量，切实推动北京市信用评级行业更好服务于国家债券市场健康发展。

一、强监管，推动形成信用评级行业良性竞争格局

一是完善信用评级质量保障机制，强化市场声誉约束。推动监管部门加强对被评主体违约率的检验，完善违约率统计标准和方法，督促评级机构提高评级质量和信息披露透明度。鼓励有条件的评级机构主动开展质量承诺与违约成本有限补偿，增强市场信心。

二是健全评级结果的持续跟踪和问责机制，提高评级机构的违规成本。建立信用评级定期公布制度，通过公布评级结果，使评级机构接受社会监督，增加评级机构失信成本，发挥信用评级的失信告诫和惩罚作用。对由于评级机构错误评级给发行人和投资者造成损失的，除承担行政责任外，还应对债权人造成的损失承担一定赔偿责任，提高其违规成本。

三是健全信用评级机构的信息安全与风险防控机制。随着信用评级市场加速对外开放，更多外资信用评级机构开始在我国备案，对外资背景的信用评级机构涉足涉及国家经济技术安全的信用评级业务，如对大型国有企业、主要金融机构和国防工业等对象的信用评级业务，要进行严格监管，以保障我国经济安全。

二、严自律，不断强化信用评级行业自我约束

一是构建北京市信用评级行业自律体系。借鉴深圳经验[1]，扶持成立北京市信用评级行业协会，为信用评级机构之间交流评级技术与经验创造渠道，为信用评级机构与发行方、投资者的沟通搭建平台。对信用评级的行业规范、技术标准进行严格确认，健全北京市企业信用评级记录，保障评级市场的公平竞争。建立自律违约惩戒机制，实现评级机构之间自我约束，促进信用评级市场环境更加完善。

二是推动北京市信用评级行业整合，形成具有一定国际影响力的评级机构，发挥行业引领作用。支持相关部门研究"信用评级机构重组并购管理"的专项工作方案，引导有条件的信用评级机构通过兼并、重组等市场化方式进行整合，做大、做强2~3家评级机构，更好地聚集人才和技术资源，提升评级机构实力。

---

[1]　深圳市信用评级协会于2008年由深圳市民政局批准成立，是全国首家信用评级行业协会，在全国处于领军地位。

三、重创新，切实提升信用评级质量和区分度

一是鼓励评级机构改进评级技术，加快人才培育。在现有政策框架内，积极开展制度创新，不断完善信用评级从业人员资格考试制度、评级报告评价制度，建立健全能够实现合理区分度的评级方法体系，全面提升评级机构的公信力。引导信用评级机构加强人才交流与合作，培养信用评级专业核心人才并加强人才储备，实现信用评级机构的长远发展。

二是加速深化信用评级行业数字化转型。整合技术、人才、财税、金融等政策工具，统筹制定推动北京市信用评级行业数字化转型的政策意见及配套措施。鼓励评级机构与外部科技公司加强合作，针对信用评级业务流程，构建安全、高速、移动、共联的信息基础设施，为评级行业数字化转型提供基础保障；针对信用风险监测与计量、企业风险管理、结构分析与估值、行业关键要素提取等，推动各类信用评级工具和模型的开发，拓展信用评级数字应用场景。

三是探索多元化付费模式，缓解评级机构利益冲突。在当前以发行方付费为主的模式下，探索在企业信用评级方面引入投资者付费模式，由信用评级信息的直接使用者承担相关费用，切断被评主体与信用评级机构之间的利益链条。从美国来看，以发行人付费模式（如标普、穆迪及惠誉）为主的同时，投资者付费模式也占有一定比例，采用投资人付费模式的克罗尔评级公司在商业地产抵押贷款支持证券评级业务领域市场份额已与国际三大评级机构基本相当。

四是借鉴美国、日本等国家经验引入"双评级"制度。鉴于双评级在一定程度上会增加债券发行人的发行成本，建议逐步放开对债券发行人主体评级的限制，同时鼓励发行人选择两家机构开展债券评级业务，通过交叉验证来提升评级结果的质量保障，避免机构间的恶性竞争。对双评级结果采用孰低原则，即选择评级级别较低的外部评级结果作为债券定价和风险资本计量的依据。

四、拓空间，适应新形势扩大评级机构业务范围

一是紧抓北交所设立运营契机，支持北京市信用评级机构深度参与北交所市场建设。鼓励有条件的评级机构不断健全创新型中小企业信用评级体系，精准刻画中小企业行为特征，为投资者提供客观公正参考。

二是抓住"一带一路"倡议的有利时机，扶持北京市评级机构"走出去"，努力争取获得国外资本市场信用评级资格。随着"一带一路"倡议的深入推进，

我国企业的国际投资规模越来越大，随之而来的国际市场信用评级需求也相应快速增加。鼓励北京市评级机构通过创设分支机构或参股国外评级公司等，更广泛地参与到国外评级市场竞争中，开拓评级业务市场，提高企业盈利空间，同时助力我国在国际信用评级领域话语权的提升。

三是鼓励评级机构探索相关非评级业务，丰富盈利模式。取消强制评级不可避免导致评级机构的传统评级业务将有所减少，竞争将更加激烈。建议监管部门鼓励评级机构实行多元化发展，开拓信用数据服务、评级课题研究和信用培训等，延长评级行业产业链。

执笔人：王术华　吴伯男

参考文献

［1］聂飞舟.信用评级行业竞争和规制：美国的经验和启示［J］.证券市场导报，2011（03）：19-24.

［2］吴祖光，万迪昉，吴卫华.国际信用评级监管改革对我国信用评级行业的启示［J］.金融监管研究，2013（04）：58-77.

［3］杨勤宇，潘紫宸.危机后国外信用评级行业监管改革情况及启示［J］.债券，2015（12）：71-76.

［4］黄鑫，杨健健，蒋敏杰，李松梁.国际信用评级行业监管镜鉴［J］.金融市场研究，2017（11）：36-50.

［5］孙海容.中国信用评级行业的规范与发展［J］.金融市场研究，2017（11）：29-35.

［6］戴晓枫，陈文沛.新形势下中国信用评级行业的高质量发展［C］.创新与发展：中国证券业2019年论文集，2020.

［7］呼延玉瑾，涂文婕，朱清艳，高畅.数字化转型助力评级行业高质量创新发展［J］.征信，2020，38（11）：40-47.

［8］郝雨时，周格旭.从国际视角看我国信用评级市场的发展及完善［J］.浙江金融，2021（10）：60-67.

［9］刘士达，王浩.从国际视角看中国信用评级［J］.金融市场研究，2021（05）：44-61.

［10］何雅婷.中资信用评级机构存在问题及对策建议［J］.时代金融，2021（20）：55-57+60.

［11］刘晓光，闫瑾，董欣焱，孙健，郝帅，何雅婷.国际评级行业发展与监管动态报告［R］.联合资信评估有限公司，2020.

［12］联合资信评估股份有限公司债券市场研究部.2020年中国债券市场违约回顾与展望［R］.联合资信评估有限公司，2021.

第十二章　深化区域要素市场化配置改革的路径研究

我国已踏上社会主义现代化建设新征程，以新发展阶段、新发展理念、新发展格局引领发展成为鲜明时代特征。迈入新阶段承担新使命，京津冀协同发展要充分体现"三新"思想内涵，重视在更好地服务党和国家工作大局中续写发展新篇章，努力为全面建设社会主义现代化国家做出更大贡献。向改革创新要动力，以要素自主有序流动为抓手畅通经济循环、激发合作内生动力，引导资源要素向重要"点""轴""圈"集聚，"点—轴—圈"联动打造高质量发展动力源，是新阶段促进京津冀更高质量协同发展的重要突破口。

第一节　区域要素市场化配置改革取得阶段性成效

自 2014 年以来，在以习近平同志为核心的党中央坚强领导下，在京津冀协同发展领导小组统筹指导下，在北京市委市政府的不懈努力下，北京市推动京津冀协同发展有力有序，《京津冀协同发展规划纲要》确定的中期目标任务基本顺利完成，城市群规划体系逐步建立，城市群骨架稳步拉开，"两翼"联动发展格局基本形成，生态环境和公共服务水平明显改善，要素市场化配置改革取得阶段性成效，点（承接平台）、线（交通廊道）、面（首都圈）联动推动一体化发展水平明显提升。

一、"2+4+N"重大产业承接平台为要素自主有序流动搭建了重要载体

产业承接平台影响持续扩大，为更好地发挥市场机制，承接外溢资源要素、打造高质量发展新增长极搭建了载体，为北京"高精尖"经济发展创造了空间，强化了北京与区域内其他城市间的联系。人民网工商登记数据显示，2014~2020年北京对津冀投资企业数量增长了1.6倍，占北京对京外投资比例由6.8%提高到10%；其中，对雄安新区投资增长最为显著，增长了81.6倍；对天津、廊坊、沧州等城市投资也有明显增长（见表12-1）。这主要得益于雄安新区、滨海—中关村科技园、沧州生物医药基地等各具特色、差异化定位的承接平台集聚效应显现。首钢京唐二期、城建重工新能源汽车、北京现代汽车沧州第四工厂等跨区域重大产业转移项目相继投产，有效强化了北京与承接平台的经济联系，带动了当地经济发展。

表12-1　2014~2020年北京市对首都都市圈城市投资企业数量变化情况

单位：个，%

城市	2020年投资企业数	投资企业数增长幅度
雄安新区	826	8160.0
天津	2058	121.1
唐山	220	93.0
保定	252	78.7
张家口	178	114.5
承德	91	56.9
廊坊	410	150.0
沧州	150	172.7
总量	4185	169.0

注：大数据查询获取的数据可能与官方统计数据有出入，但细化到城市层面的官方投资数据获取难度较大，在此以大数据辅以分析说明。

资料来源：人民网大数据。

二、轨道上的京津冀为要素自主有序流动搭建了重要通道

充分发挥交通对人流、物流、信息流等区域要素流动和城市群空间优化的引

导作用，推动综合立体交通网络不断完善，京津冀之间高速公路"断头路"已全部消除，国家高速公路网首都放射线京内路段全部打通，相邻城市间 1.5 小时交通圈基本形成，京津保 1 小时交通圈顺利实现，环北京半小时通勤圈覆盖范围逐步增大，机场群和港口群服务首都功能优化和区域发展能力不断提升，为要素自主有序流动搭建了重要通道，中心城区与城市副中心、新城以及与周边主要城市的联系更为紧密。

三、自贸试验区等重大改革开放举措为破除要素自主有序流动壁垒奠定了重要基础条件

积极开展要素市场化配置改革，发挥改革创新在引领高质量发展中的重要动力源作用，破除制约协同发展的行政壁垒和体制机制障碍，努力为首都优质资源要素向京津冀区域辐射提供制度保障。

一是区域协同创新共同体加快构建。中关村在雄安新区、滨海新区、宝坻、保定、秦皇岛等地稳步推进协同创新平台建设，积极搭建创新园区链。北京经开区与廊坊市政府等共建北京亦庄·永清高新技术产业开发区，精准承接企业增资扩产项目。北京·沧州渤海新区生物医药产业园在全国首开异地延伸监管先河，实现由北京市依法实施药企异地生产许可、认证和监管。国家印发实施高新技术企业认定管理办法，京津冀地区符合条件的高新技术企业异地搬迁实现资质互认。北京发布"科创30条"，推进科技创新券互通互认、生物医学研究伦理审查结果互认等。

二是协同开放取得积极进展。三地签署自贸试验区战略合作框架协议，建立自贸试验区联席会议机制，实现自贸试验区内 57 项政务服务事项"同事同标"。京津创新开展进口"提前申报+船边直提"，出口"提前申报+抵港直装"模式，提高口岸物流运作效率，降低企业通关时间和运营成本，2020 年底北京关区进口整体通关时间 29.31 小时、出口 1.44 小时，比 2017 年底压缩了 72.8%、90.6%。

三是公共服务共建共享扎实推进。北京积极发挥"一核"辐射带动作用，推动优质公共服务资源向津冀延伸布局，切实让协同发展成果惠及广大人民群众。成立跨区域特色职教集团（联盟），组建高校创新发展联盟，在师资共享、教育教学、联合培养、智库建设、产学研合作等多方面开展深层次交流合作。推进实施京张、京承、京唐、京廊、京保等重点医疗卫生合作项目，"天坛模式""同仁模式"成效显著，朝阳医院等市属医院对口支持燕达医院，医院门急诊量

较 2014 年合作初期增长 4 倍，出院量增长 5 倍。建立重大公共卫生事件联防联控机制，保障复工复产工作有序推进。

四、以首都为核心的现代化都市圈成为要素自主有序流动最紧密区域

建设现代化都市圈，是新阶段贯彻新发展理念服务新发展格局、建设社会主义现代化强国的重要举措。为促进都市圈健康发展，发改委专门出台了关于培育发展现代化都市圈的指导意见。北京一直将加快建设以首都为核心的现代化都市圈①作为推动高质量发展和促进京津冀协同的重要抓手，蔡奇书记提出了 50 公里生活圈、100 公里功能圈、150 公里产业圈的战略设想，"十四五"规划也提出了加快打造现代化都市圈的要求。北京坚定不移推进疏解非首都功能，全力推进城市副中心高质量发展，把支持雄安新区建设作为分内之事，积极打造京津冀创新平台和新增长极，首都圈建设稳步有序推进，首都圈成为各类要素流动最为紧密的地区。

一是就业通勤都市圈化特征明显。北京与周边地区联系日渐紧密，跨行政区通勤已成规模。大数据显示，有超过 36 万人工作在北京，居住在环京，其中三河、固安、广阳人数最多。近 11 万人居住在北京，工作在环京，其中三河、香河、广阳占比最大。

二是投资联系都市圈化倾向明显。首都圈承载了京津冀绝大多数的自贸区片区和产业承接平台，集聚了京津冀约七成的常住人口和八成的地区生产总值，是承接北京人才、资本等要素最为活跃的区域。人民网工商登记数据显示，2014~2020 年，北京对圈内各城市投资企业数占对津冀投资企业比例由 81.0%增加至 83.0%，与首都圈内城市的经济联系明显高于圈外城市。

---

① 首都圈以北京为中心，包含天津市、河北省雄安新区、唐山市、保定市、张家口市、承德市、沧州市和廊坊市，区域面积约 16.2 万平方公里，常住人口约 7491 万，2019 年地区生产总值约 6.99 万亿元。其中"生活圈"是指北京向外 50 公里左右的环京周边地区，包括廊坊北三县、固安，保定的涿州、涞水，张家口的怀来，天津的武清区和蓟州区等；"功能圈"是指北京向外 100 公里，包括天津、雄安新区等京津雄城市群核心功能区；"产业圈"是指北京向外 150 公里，包括保定、张家口、承德、唐山、沧州等节点城市。

第二节　要素流通不畅仍是影响京津冀更高质量协同的关键制约

京津冀协同发展，本质上是要通过畅通经济循环，形成优势互补、相互促进的区域经济格局。但目前京津冀地区产业联系偏弱[1]，创新链、产业链、供应链区域联动不够[2]，要素流通不畅成为影响区域经济协同水平的关键制约因素。

一、人才要素吸引力下降，北京周边地区吸引力不强

近年来，京津冀地区人口占全国比重呈现下降趋势。第七次全国人口普查数据显示，京津冀地区总人口为 1.1 亿，占全国总人口的 7.8%，占比与第六次全国人口普查数据基本持平。其中，2010~2015 年人口增长较快，占全国比重由 7.8% 上升至 8.1%，其后占比呈现下降趋势，至 2020 年已与 2010 年基本持平。

一是区域整体人才吸引力呈下降趋势。泽平宏观和智联招聘联合发布的《2020 中国城市人才吸引力排名报告》显示，2020 年有超六成人才流向长三角、珠三角、京津冀、成渝地区、长江中游五大城市群。但京津冀处于整体人才流出状态，2016~2020 年人才增长占比分别为 -0.4%、-1.9%、-2.9%、-4.0%、-0.7%，虽然新冠肺炎疫情防控期间流出趋势放缓，但净流出的态势仍然没有改变[3]。

二是北京周边地区对人才的吸引力仍然不强。2017~2020 年，北京人才净流入占比分别为 -2.3%、-2.7%、-3.9%、0.2%，2020 年复工复产期间，企事业单位招聘与留才力度加大助力逆转北京人才净流出现象。其中，人才流入前 10 城市中津冀城市有 4 个（天津、廊坊、保定、石家庄，皆在首都圈内），津冀人

---

① G7 货运大数据显示，京津冀城市群内部产业联系明显弱于长三角和珠三角，京津冀以快递（33%）、日用百货（16%）、食品饮料（16%）等生活型为主，而长三角和珠三角工业品及机械设备都占据了相当比重（33% 和 31%）。

② 北京市"十四五"规划起草组对北京 28 家企业的调研发现，龙头企业产业链本地化配套率很低，区域联动不够。例如，小米智能手机国内主要供应商 250 家左右，珠三角、长三角、京津冀分别占 38%（95 家）、16%（40 家）、10%（25 家），京津冀占比最低。

③ 2020 年长三角、珠三角、京津冀、成渝地区、长江中游城市群人才净流入占比分别为 6.4%、3.8%、-0.7%、0.1%、-1.2%。

才流入占全部流入人才的 20.6%；人才流出前 10 城市中津冀城市有 3 个（天津、廊坊、石家庄，皆在首都圈内），流出到津冀的人才占全部流出人才的 14.5%，周边承接能力仍然较弱。相对而言，长三角城市对上海的人才分流作用显著，流入人才中周边城市占 15%，流出人才中周边城市占 34.6%。

二、资本要素集中于货币服务，资本对实体经济发展支撑不足

北京市金融资产总量超过 170 万亿元，占全国一半，资产数额庞大，资本优势显著。但大量资本对创新型中小微企业、对实体经济的支撑潜力尚需释放。

一是资金周转速度和流转规模相对不足。北京金融业以货币金融服务（银行业）为主，2018 年营业收入占北京市金融营业收入的 50.6%，是上海的 1.8 倍；资本市场欠发育，资本市场服务业营业收入仅占北京市金融营业收入的 4.5%，仅为上海的 47%。受制于缺少成熟的资本市场平台，缺乏活跃的证券、期货、基金等金融服务机构，资金周转速度和流转规模相对不足。北京证券交易所成立为改变这种状况带来契机。

二是资本要素对实体经济的支撑不够。在上市公司方面，京津冀城市群虽然总市值高于长三角城市群，但企业数量仅为长三角城市群的 1/3，且 76.1% 的数量和 90.2% 的市值集中在北京（见表 12-2 和表 12-3）。在股权融资方面，2021 年上半年我国股权投资案例数 4230 起，投资总金额 4700 亿元。其中，企业股权融资入围 Top20 的城市京津冀有 2 个，融资企业数量 640 家，融资金额 1294.13 亿元，分别占全国的 15.1% 和 28.3%；长三角有 7 个城市入围，融资企业数量和融资金额分别占全国的 26.9% 和 34.5%（见表 12-4），明显高于京津冀，且区域内分布更为均衡。

表 12-2　京津冀城市群上市公司情况　　　　　单位：个，亿元

	北京	天津	河北	城市群
上市公司数量	383	60	62	505
上市公司总市值	179557	9521	10102	199180
平均市值	468.8	158.7	162.9	394.4

注：查询时间为 2021 年 3 月，受查询时间、口径等影响，查询数据与官方统计数据略有不同。

资料来源：Wind 数据库。

表 12-3　长三角城市群上市公司情况　　　单位：个，亿元

	上海	江苏	浙江	安徽	城市群
上市公司数量	348	494	534	128	1504
上市公司总市值	71234	58094	67216	18862	215407
平均市值	204.7	117.6	125.9	147.4	143.2

资料来源：Wind 数据库。

表 12-4　2021 年上半年各城市企业股权融资情况（TOP20）

单位：家，亿元，%

	融资企业数量	融资企业数量占全国比重	融资金额	融资金额占全国比重
京津冀	**640**	**15.1**	**1328.88**	**28.3**
北京	610	14.4	1294.13	27.5
天津	30	0.7	34.75	0.7
长三角	**1137**	**26.9**	**1621.21**	**34.5**
上海	580	13.7	985.63	21.0
杭州	233	5.5	252.47	5.4
苏州	151	3.6	191.44	4.1
南京	84	2.0	86.36	1.8
无锡	39	0.9	33.13	0.7
宁波	28	0.7	18.07	0.4
常州	22	0.5	54.11	1.2
珠三角	**549**	**13.0**	**736.81**	**15.7**
深圳	376	8.9	527.88	11.2
广州	121	2.9	149.10	3.2
珠海	28	0.7	42.50	0.9
东莞	24	0.6	17.33	0.4
其他	**258**	**6.1**	**361.48**	**7.7**
Top20 合计	**2584**	**61.1**	**4048.38**	**86.1**
全国	**4230**	**100.0**	**4700.00**	**100.0**

资料来源：清科数据库。

三、技术要素市场交易枢纽地位下降，区域内部技术交易占比仍然偏低

北京拥有全国首屈一指的科创资源，要素供需两旺，支撑经济增长贡献大。但近年来，伴随上海、深圳等城市科技创新实力的增强，北京在全国优势有所下

降，技术市场交易额占全国比重由 2009 年的 40.7% 下降至 2020 年的 22.4%，如图 12-1 所示。

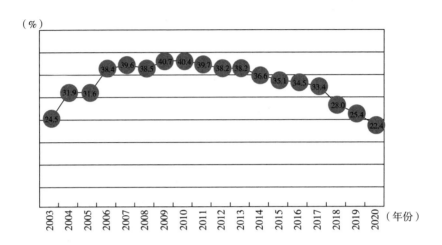

图 12-1　技术市场成交额占比

资料来源：北京市统计局。

一是科技体制改革仍然任重道远。实现科技自立自强需要有力的科技创新体制机制保障。北京作为国际科技创新中心，科技创新仍然存在"院所强企业弱、投入强转化弱、数量多顶级少"等问题，科技创新体制机制还存在"短板"。虽然出台了科创 30 条、科技成果转化条例等诸多举措，科技成果使用权、处置权、收益权已下放给高校、科研院所，但由于容错纠错等机制和配套政策不完善，有些改革举措落实还不到位，整体创新效率需要提高，技术供给潜力尚未充分释放。

二是区域内部技术交易占比提高，但仍明显低于长三角等地区。伴随京津冀协同发展战略推进，北京科创成果在京津冀内转化占比提高，2020 年，北京输出津冀技术合同成交额为 347 亿元，占流向外省市成交总额的 9.3%，比 2014 年提高 4.5 个百分点，但仍明显低于同期流向长江经济带省份的比重①。第一财经·新一线城市研究显示，北京近年来高新技术企业外迁的趋势也比较明显，外

---

① 2014~2018 年，流向长江经济带省区市的比重则由 33.0% 增至 50.6%，提高了 17.6 个百分点。2018 年，北京流向长江经济带与津冀技术合同成交额之比达 6.7∶1。

迁高新企业仅有 5% 留在津冀地区，绝大部分选择迁往长三角与珠三角城市，有 52% 的企业选择了南京；而上海的高新技术企业更青睐苏州、南京等周边城市。

四、数据要素北京极核式优势突出，区域"数据鸿沟"明显

数据已经成为影响新一轮全球竞争的关键要素，世界百年未有之大变局叠加世纪疫情影响，各地纷纷将数字经济作为经济发展的稳定器。相比较于长三角、珠三角网络化发展高地，京津冀地区以北京为核心的极核式发展特征显著，区域"数据鸿沟"明显。

一是数字经济北京极核式优势突出。北京数字技术创新成果全国领先，数字产业高端发展引领全国，《2020 年中国数字经济发展白皮书》[①] 显示，数字经济占 GDP 比重达 55.9%，位列全国第一；而河北数字经济占 GDP 比重低于全国平均水平，不足 35%。特别是数字产业化规模占 GDP 比重京冀差距更大，北京全国最高，接近 20%；而河北排名倒数，不足 5%。而在长三角地区已经形成了"一超多强"的数字经济总体格局。

二是数字治理鸿沟显著。根据复旦大学 2020 年下半年发布的《中国地方政府数据开放报告》[②]，从省级平台来看，东南沿海地区的省级平台已基本连片形成"开放数林"，但北京、天津四周尚未形成平台[③]，数字鸿沟现象明显。从副省级和地级政府数据开放平台来看，山东、广东和浙江等省份的绝大多数地市平台都已上线，江苏、安徽、湖北、江西以及西南地区的贵州与四川等地市平台也陆续上线，但河北省内绝大多数地市尚未上线。

---

① 中国信通院发布的《2020 年中国数字经济发展白皮书》对数字经济的测算与统计局发布的《数字经济及其核心产业统计分类（2021）》口径不完全一致，综合考虑三省份数据资料的可获得性，在此引用《2020 年中国数字经济发展白皮书》数据。

② "中国开放数林指数"自 2017 年 5 月首次发布，每半年发布一次，定期对我国地方政府数据开放水平进行综合评价，精心测量各地"开放数木"的繁茂程度和果实价值，助推我国政府数据开放生态体系的建设与发展。

③ 河北省级平台 2021 年上半年也已经上线。

第三节　以全域生产要素自主有序流动畅通为抓手，促进京津冀更高质量协同发展

完善要素市场化配置是建设统一开放、竞争有序市场体系的内在要求，是新阶段贯彻新发展理念服务新发展格局、建设社会主义现代化强国的重要举措。2020 年 3 月，中共中央、国务院出台《关于构建更加完善的要素市场化配置体制机制的意见》（以下简称《意见》），系统部署了深化要素市场化配置改革的相关举措。京津冀应以深化实施《意见》为契机，加快推进要素市场化改革步伐，引导各类要素向先进生产力集聚，激发要素主动性、创造性，提升区域经济活力和竞争力。

一、畅通区域内人才流通渠道，优化人才服务，实现"人尽其才"

按照"自由流动、自主有序、高效公平"的原则，统筹协调好"体制内外、单位内外、核心与外围"关系，畅通人才流通渠道，加快人口红利向人才红利转变。

一是持续深化人才发展体制机制改革。积极争取综合改革试点任务，加快将北京建设成为世界重要人才中心和创新高地。完善人才市场化价格形成机制，探索年金、股权、期权等综合薪酬制度；研究推动高校、科研院所薪酬制度改革试点；落实事业单位高层次人才绩效工资总量单列、科研人员职务科技成果转化现金奖励等政策；完善国有企业科技创新薪酬分配激励政策，推动分配向关键核心技术人才、高技能人才倾斜。深化人才管理体制改革，根据需要和实际向用人主体充分授权，发挥用人主体在人才培养、引进、使用中的积极作用；尝试"项目+平台+人才"合作制，实现用人机制从"定人定编"向"统筹使用"转变，畅通人才在不同体制间的流转，有效盘活人才资源。

二是创新区域人才评价与互认机制。深化专业人员职业资格、职称和继续教育学时互认工作，试点推行统一的职业资格考试。在三省份取得的继续教育学时，均可作为年度考核、岗位聘任、续聘、职称申报和执业资格再注册时依据。在京津冀区域内探索专业技术人员多点执业，借鉴医师多点执业方式，优先选择

工程管理、会计审计等行业开展试点。

三是深化区域一体化人才服务。提升北京人力资源服务产业园通州园、海淀园等园区服务能力，培育基础好、带动性强的人力资源企业，促进人力资源市场专业化、职业化、精细化转型发展，提升需求端与供给端的匹配度。探索异地建设研发机构、众创空间、创新创业孵化器等区域人才飞地。建立产教融合的劳动技能人才培养模式，调整优化职业院校专业设置，有的放矢地培养适应产业和企业需求的劳动技能人才；鼓励企业（机构）开展职业证书项目，在技术类专业开展"学历证书+若干职业技能等级证书"制度试点。积极尝试组建区域人才发展联盟，促进更深层次的人才要素共享和流通。建立一体化人才数据库，搭建"人才一网通办"一站式人才服务平台。

四是探索区域人才一体化特区。选择通北地区、大兴机场临空经济区等跨界地区作为人才一体化发展试点特区，完善适用人才流动的居住、就学、就医等配套服务，在金融、外汇、教育、医疗、交通、电信、社会保险、住宿登记、财产登记、机动车驾驶证申领等事务上采取均等化标准，探索在社保对接、职业技能相互认定、科研资源共享等方面的政策，推动跨界地区人才自主有序流动。

二、放大北交所带动效应，畅通金融循环，强化服务实体经济能力

充分抓住北交所成立的发展机遇，完善多层次金融市场体系建设，强化金融风险防范，增加有效金融服务供给，引导资金服务实体经济。

一是围绕北交所释放带动效应。做大做强证券公司、投行、基金等相关金融企业，促进会计、律师、资产评估、信用评级等相关中介机构发展，为区域内面向成长型、科技型优质中小企业发展壮大提供全链条服务。

二是鼓励以股权方式投资科创企业。通过财政奖励、购置或租赁办公用房补贴、场地支持等方式，积极引入私募股权投资、风险投资、证券公司直投、银行直投等股权投资机构，鼓励投资科创企业。

三是创新债权融资工具。鼓励商业银行积极创新金融产品，利用好信用贷款、产业链融资、中票短融、双创债、知识产权保险等方式，加大对"专精特新"企业支持。

三、强化企业为主体的创新体系，激发技术供给活力

建立健全技术创新市场导向机制，让流动自主有序、配置高效公平的技术要

素市场充分发挥配置创新资源、发现创新价值、激励创新主体的功能和作用。

一是从源头上提升技术供给质量。试点基础研究特区①，赋予充分科研自主权，在科研组织模式和管理体制机制上给予充分改革探索空间，建设具有全球影响力的知识产权高地。重视企业创新主体作用，从源头改革形成市场导向的科技投入产出机制，支持有研究开发能力的高校、科研机构、企业合作，围绕市场需求组建创新联合体，更多运用市场方式、经济手段解决科技创新立项、决策、预算投入、利益分配等问题。支持民企建设技术创新中心。全面落实科创30条、科技成果转化条例，推行科研人员职务科技成果所有权或长期使用权试点。

二是补齐技术转移服务"短板"。培养一批国际一流的技术转移机构，培养一批国际化、专业化的技术经理人，培育中国（北京）国际技术进出口交易会，完善技术要素市场，提高创新成果区域内转化能力。持续推进中关村国家科技金融创新中心建设，增强技术要素与资本要素的联动。

三是鼓励北京科技资源向外辐射。进一步细化落实科技成果转移转化的激励机制，探索"空间拓展+政策推广"模式，将北京中关村享受到的政策逐步扩散到京津冀地区，构造京津冀协同创新共同体。发挥北京在科技研发、信息化和人工智能方面的技术优势，加强技术联合攻关，精准突破河北钢铁、化工、装备制造、建材等传统产业升级改造技术"瓶颈"，实现全产业链升级。探索建立区域重大产业项目平台管理服务体系，建立健全涵盖源头创新、设计研发、成果转化、产业集群落地的全链条项目储备和服务机制。

四、以全球数字经济标杆城市建设为契机，全方位赋能京津冀高质量发展

充分发挥北京数据资源优势，逐步缩小周边地区与北京存在的"数字鸿沟"，驱动京津冀经济社会发展质量变革。

一是促进数据协同开放。以"政府有为、市场有效、企业有利、个人有益"为原则，坚持央地协同、多元合作，打破数据壁垒，打通供需通道。在规则层面，引导区域探索制定统一的数据开放标准规范，研究出台促进数据开放的区域一体化政策文件。在平台层面，助力推动石家庄、保定、廊坊、唐山、沧州、秦

---

① 上海发布《关于加快推动基础研究高质量发展的若干意见》，提出设立基础研究特区，赋予基础研究特区充分科研自主权，支持机构自由选题、自行组织、自主使用经费，在科研组织模式和管理体制机制上给予充分改革探索空间。首批基础研究特区有3个，复旦大学、上海交通大学、中国科学院上海分院，科委给予5年资助，3家单位提供1∶1配套经费。

皇岛、张家口、邢台、邯郸等尚未上线的地方级政务平台尽快上线，推动区域内各级政务平台实现相互连接，加强深层次的互联互通。在数据层面，推动区域内各平台在数据集覆盖、数据集名称和字段、元数据标准等方面提高匹配度和一致性。

二是推进产业数字化转型。推动实施数字化转型行动计划，推动企业上云、用云，全面深化研发、生产、经营、管理、服务等环节的数字化应用。打造系统化多层次的工业互联网平台体系，鼓励企业发展基于平台的数字化管理、智能化生产、网络化协同、个性化定制、服务化延伸等新模式。

三是探索共建数字园区。统筹规划大数据、云计算、物联网、5G、区块链等园区新基建，统一数据交换、数据接口、开放模式、数据安全等规范和标准，打通产业链上下游企业数据通道，打通生产与金融、物流、交易市场渠道，促进全渠道、全链路供需精准对接，培育新型产业链应用生态，带动周边产业数字化、智能化、协同化发展。

第四节　以要素系统集成改革为突破，推动"点—轴—圈"联动，加快建设以首都为核心的京津冀世界级城市群

建设以首都为核心的世界级城市群，是京津冀协同发展的重要目标。城市群骨架已经拉开，要通过区域要素市场化配置改革，引导要素系统集成向重要"点""轴""圈"集聚，以重要节点、重要轴线支撑首都圈建设，通过"点—轴—圈"联动，促进城市群高质量、一体化发展，助力京津冀城市群向世界级迈进。

一、以提升新城综合承载能力、促进环京周边地区一体化为抓手，提升50公里"生活圈"品质

北京城市功能的拓展强化了对周边地区的辐射作用，周边地区与北京联系日益紧密，已经形成了事实上的"生活圈"。增强了新城和环京周边地区综合承载能力、提升生活品质，是建设国际一流和谐宜居之都和京津冀世界级城市群的重

要支撑。

一是提升新城等重要区域节点的综合承载力。新城作为北京市域空间的重要组成部分，是京津冀城市群的重要节点，是实现首都高质量发展的重要突破口，是北京未来发展新的增长极，在构建京津冀世界级城市群空间框架中发挥着重要作用。要围绕5个平原新城高浓度集聚优质人才、资本、技术、数据等，增强综合承载能力，培育成为区域新的重大增长极。①打造"站城融合"活力新城。以轨道交通站点为核心，划定重点规划实施单元，将区级用地、规划指标向站点及周边区域有效集中，提前谋划功能布局和基础设施、公共服务配套，为新功能、新要素、新项目的落地创造条件，夯实其作为城市群网络重要节点的基础条件。②央地携手导入资源要素。借鉴上海"一城一名园"、集中招商选资的机制，央地携手，紧紧围绕功能定位加快产业项目和创新资源导入，通过高起点布局高端产业，高浓度集聚创新要素，着力将新城建设成为京津冀区域高质量发展的增长极。③探索建立开发权转移制度①。将老城更新、老旧小区品质提升、老龄人口养老、新城新市镇特色小镇发展、职住平衡等统筹联动考虑，探索建立"中心城区—新城地区"发展权转移政策机制。

二是创新环京周边地区一体化发展机制。①探索科学有效跨界治理模式。健全通州区与北三县一体化联动发展工作协调机制，落实大兴机场临空经济区联合管委会机制，构建更加紧密的协同发展关系。以制度有效、政策连续和空间融合为目标，探索搭建"理事会+执委会+平台公司"的跨域协同治理架构，构建专业化的跨域治理公共平台，建立健全重大跨域协调治理机制。②探索环京周边地区职住协同新举措。创新城际住房合作机制，顺应城市群、都市圈化发展时代的跨城购房趋势，推动公积金②在一定区域范围内的一体化，让公积金能够在都市

---

① 自20世纪60年代末以来，开发权转移（Transfer of Development Right）作为以市场为导向的规划工具一直被讨论。开发权转移制度作为一种保护有传统历史意义或已成为城市标志的旧建筑物的工具被研究出来，并于1968年在纽约土地分区管制法规中予以明确，最典型的应用是美国纽约市的中央车站。在应用的过程中，开发权转移概念的内涵与外延不断发展，广泛应用在公共空间的建设、历史建筑的保护以及耕地保护、环境保护等方面。我国目前还没有建立开发权转移的相关制度，现有的相关实践主要是集中在点上的探讨。要实现开发权转移需要明确转移及奖励的操作办法，明确管理主体、奖励及转移程序、跨区转移转移比例、不同更新方式对应奖励比例等，涉及规划、土地、投资等多方面的政策突破。

② 2020年，上海市、浙江省、江苏省、安徽省住建部门就共同签署了《长三角住房公积金一体化战略合作框架协议》，三省一市将率先在9个方面开展合作，包括长三角跨地区购房信息协查、异地贷款证明信息互认等，真正推进"账随人走，钱随账走"。北京市委全面深化改革委员第二十次会议审议了《关于深化北京住房公积金制度改革的实施意见》。

圈范围内更便捷地跨地区使用。③探索环京周边地区养老协同新举措。通过政策引导、搭建平台和市场化运作，鼓励优质康养资源在环京周边地区延伸布局。积极支持国有企业、社会资本通过建设、收购、合作、改造等多种方式，在环京周边地区建设运营养老机构，增加区域养老服务供给。完善政府购买养老服务机制，深化跨区域购买养老服务合作。④提高跨界通勤人员通行效率和便利化水平。利用科技手段完善检查站管理体系，在确保周边地区发挥好首都护城河功能的同时，提高通行效率、提高便利化水平、改善出行体验。

二、以推动"北京—天津—雄安"功能一体化发展为抓手，提升 100 公里"功能圈"能级

"北京—天津—雄安"是支撑京津冀城市群的主体框架，是京津冀建设世界级城市群的核心功能区域，对整个城市群的发展起着重要的引领作用，其功能能级将在很大程度上决定着城市群的发展方向和整体竞争力。

一是以疏解促提升，推动北京、雄安功能得到强化。坚决贯彻落实中央精神和疏解清单，全力配合国家做好疏解相关工作，确保企业"搬得出、落得稳、发展好"，努力在"十四五"期间形成一批标杆性项目，确保符合雄安新区定位的相关功能得到强化。同时，做好疏解效果和影响跟踪评估，做好腾退空间后续利用，促进首都功能得到优化提升。

二是以服务促联动，提升"北京—天津—雄安"城市能级。依托北京科技、信息、金融、商务等生产性服务业资源密集高端优势，聚焦知识产权创造运用、数字化驱动、科技金融支撑等关键领域，放大"两区""三平台""北交所"带动效应，通过项目输出、服务输出、技术输出、品牌输出等多种方式，增强北京在服务"北京—天津—雄安"功能提升中的作用，提升国际化能级、释放市场化活力，强化国内国际联动效应，畅通国内国际双循环。

三是以协同促创新，增强区域科技创新策源能力。发挥北京"三城一区"带动作用，围绕京津、京雄轴线及重要节点，探索顶尖人才、基础研究、成果转化等领域政策和机制突破，创新科技园区、高等学校、科研院所、企业多元化合作机制，携手共建重大科研基础设施、产业技术创新平台、创新创业服务平台，营造创新创业生态，构建集人才培养、应用研究、研发孵化、产业制造、科技服务为一体的全域创新空间体系，推动创新链、产业链、供应链、价值链深度融合，实现增长联动、利益融合。

四是以连通促畅通，完善直联直通交通与区域物流体系。加快重要交通枢纽、轨道交通、公路网、信息网、物流网一体化建设，为要素自主有序流动提供硬件基础。推进北京空港、陆港与天津港的衔接和融合，优化北京大兴机场和天津机场货运分工，用好天津港出海通道，推动海铁联运，健全直连直通交通体系，提升国际性流通网络枢纽功能。完善"通道+枢纽+网络"的物流体系，实现规划整合、通道结合、枢纽融合、运营复合、服务联合、制度配合，推动多式联运，提高物流运行效率。

三、以"点—轴—圈"联动为抓手，提升150公里"产业圈"竞争力

150公里"产业圈"是北京在京津冀内经济联系相对紧密的地区，要充分发挥京津、京雄、京保石、京唐秦、京张等区域廊道在实现空间要素集聚中的重要作用，通过市场化机制引导要素向区域轴线上的节点城市集聚，丰富轴线功能要素，提升节点城市能级，以重要轴线、多级节点支撑首都圈功能。

一是培育节点，完善廊道，促进畅通。除了提升石家庄、保定、唐山、廊坊、沧州、秦皇岛等城市竞争力外，还要关注正定、定州、辛集、曹妃甸、黄骅、迁安、任丘等富有潜力的节点城市，共同支撑形成功能优化、分工合理的多节点、网络化、高度融合的都市圈功能体系。要重视引导轴线上交通枢纽向功能节点转变，结合枢纽布局，吸引对航空、城际铁路和高铁具有强烈需求指向的人群、活动和业态集聚，注重多种交通方式的无缝对接，改变单一用地结构和纯粹的空间用途，打造区域特色魅力新节点。不断完善区域廊道建设，除了要继续完善京津、京保石、京唐秦等廊道，还需围绕京津雄（保）、石衡沧雄（保）、秦唐津沧沿海等完善城际出行通道①，支撑世界级城市群建设。

二是创新合作模式，完善产业分工。发挥北京创新资源辐射带动作用，推动一批应用场景和技术合作项目，加速赋能津冀传统产业改造升级。围绕新一代信息技术、智能网联汽车、生命健康等产业，灵活运用飞地经济、租赁经济、托管经济、共享经济等推动实现联动协调发展，共同建设分工合作、相互配套、上下游衔接的产业链和供应链体系。

三是重视应急联动，完善首都圈应急联动机制。构建更加快速、高效的区域

---

① 通过2017年滴滴出行大数据绘制的出行热力图可以发现，"京—廊—津—保""石—保—沧""廊—涿—固"等区域协同往来非常密切，但目前多以公路出行行为主。

性公共资源应急调配机制，避免灾害和风险扩散。围绕储什么、谁来储、怎么储，坚持分类分级分品原则，系统加强实物储备、能力储备、信息储备三大应急储备建设，为推动制度优势转化为治理效能作出首都表率。充分发挥首都信息汇集优势和数字化发展的有利条件，积极主动服务中央，构筑面向全国的应急信息储备战略枢纽。

　　执笔人：刘作丽　吴伯男

参考文献

［1］G7. 中国七大城市群融合发展报告——从公路货运大数据看中国七大城市群融合发展［R/OL］. https：//www. g7. com. cn/img/中国七大城市群融合发展报告 20210415. pdf. （2021-04-15）.

［2］常修泽. 新阶段如何推进要素市场化配置改革［J］. 中国经济报告，2021（04）：11-13.

［3］复旦大学数字与移动治理实验室. 中国地方政府数据开放报告（2020年下半年）［R/OL］. http：//ifopendata. fudan. edu. cn/static/report/中国地方政府数据开放报告（2020 下半年）. pdf. （2021-01-20）.

［4］复旦大学数字与移动治理实验室. 中国地方政府数据开放报告（2021年上半年）：指标体系与省域标杆［R/OL］. http：//ifopendata. fudan. edu. cn/static/report/中国地方政府数据开放报告（2021 上半年）. pdf. （2021-07-22）.

［5］付成伟. 大都市经济区内政府间竞争与合作研究：以京津冀为例［M］. 南京：东南大学出版社，2012.

［6］何立峰. 国家新型城镇化报告［M］. 北京：中国计划出版社，2017.

［7］京津冀协同发展领导小组办公室. 京津冀协同发展报告 2019［M］. 北京：中国市场出版社，2020.

［8］京津冀协同发展领导小组办公室. 京津冀协同发展报告 2020［M］. 北京：中国市场出版社，2021.

［9］刘亭. 发展要靠深化要素市场化配置改革［J］. 浙江经济，2021（06）：14.

［10］林盼. "国内大循环"的关键是人才的循环［N］. 社会科学报，2020-10-01（4）.

［11］陶希东. 全球城市区域跨界治理模式与经验［M］. 南京：东南大学出版社，2014.

［12］肖金成，申现杰，马燕坤. 京津冀城市群与世界级城市群比较［J］. 中国经济报告，2017（11）：94-98.

［13］姚士谋等. 中国城市群新论［M］. 北京：科学出版社，2016.

［14］周其仁. 改革的逻辑力［M］. 北京：中信出版社，2017.

［15］周其仁. 突围集——寻找改革新动力［M］. 北京：中信出版

社，2017.

[16] 赵峥，李粉．跨区域治理与政府合作：经验、挑战与对策［J］．重庆理工大学学报（社会科学版），2020，34（08）：1-6.

[17] 中国信息通信研究院．中国数字经济发展白皮书［EB/OL］．http：//www. caict. ac. cn/kxyj/qwfb/bps/202104/t20210423_ 374626. htm.（2021-04-23）．

[18] 泽平宏观，智联招聘．中国城市人才吸引力排名：2021［EB/OL］．ht-tps：//mp. weixin. qq. com/s/KPTMfOlDN0oj7w38byaghQ.（2021-09-14）．

[19] 中共中央 国务院关于构建更加完善的要素市场化配置体制机制的意见［J］．中国价格监管与反垄断，2020（04）：3-6.

后　记

　　北京市经济与社会发展研究所为北京市发展和改革委员会所属事业单位。2019年11月22日，北京市经济与社会发展研究所在成立35周年之际发起主办首届"城市与城市群发展北京论坛"，论坛在北京城市副中心举行。国家发展和改革委员会所属中国宏观经济研究院和全国主要城市发展改革系统研究院所、在京高校、研究机构的专家学者100余人参加了论坛。为进一步塑造和培育"城市与城市群"这一特色研究和论坛品牌，适时发布城市与城市群发展相关研究报告，扩大社会影响力。2020年10月北京市经济与社会发展研究所立项开展"我国城市与城市群服务业发展比较研究"课题，2021年课题组集中开展研究。2021年12月北京市经济与社会发展研究所与首都社会经济发展研究所整合组建为北京市经济社会发展研究院，并将继续关注城市与城市群相关研究。望读者多提宝贵意见。